北京文博

文 丛

二〇二二年第一辑

北京市文物局　编

北京燕山出版社
BEIJING YANSHAN PRESS

图书在版编目（CIP）数据

北京文博文丛. 2022. 第1辑 / 北京市文物局编. ――

北京 : 北京燕山出版社, 2022.8

ISBN 978-7-5402-6616-5

Ⅰ.①北… Ⅱ.①北… Ⅲ.①文物工作 – 北京 – 丛刊

②博物馆 – 工作 – 北京 – 丛刊 Ⅳ.①G269.271-55

中国版本图书馆CIP数据核字(2022)第141627号

北京文博文丛·2022·第1辑

出版发行：北京燕山出版社有限公司

社　　址：北京市丰台区东铁匠营苇子坑138号C座　　100079

责任编辑：郭　悦　梁　萌

版式设计：肖　晓

印　　刷：北京兰星球彩色印刷有限公司

开　　本：787mm×1092mm　1/16

印　　张：7

字　　数：181千字

版　　次：2022年8月第1版

印　　次：2022年8月第1次印刷

ISBN 978-7-5402-6616-5

定　　价：48.00元

北京文博

2022年第1辑（总107期）

主办单位：北京市文物局

编辑出版：《北京文博》编辑部

北京燕山出版社

网址：http://wwj.beijing.gov.cn

邮箱：bjwb1995@126.com

目录 | Contents ‖‖‖‖‖‖‖‖‖‖‖‖‖‖‖‖‖‖‖‖‖‖‖‖‖‖‖‖‖‖‖‖‖‖‖

声明

执行主编：韩建识
编辑部主任：高智伟
本辑编辑：韩建识   陈 倩
        高智伟   康乃瑶   侯海洋

Beijing Cultural Relics and Museums

No. 1, 2022

Organizer: Beijing Municipal Administration

Bureau of Cultural Heritage

Edited and Published by the Editorial Department

of Beijing Wen Bo, Beijing Yanshan Press

URL:http://wwj.beijing.gov.cn

E-mail: bjwb1995@126.com

目录 | Contents ||||||||||||||||||||||||||||||||||||||||||||||||||||||||||||||||||||||||||

清代京师的民间手工业

章永俊

一、清政府对民间手工业的鼓励政策

首先，清初匠籍制度的废除，在一定程度上减轻了手工业者的负担，激发了手工业者的积极性。顺治二年（1645）宣布："令各省俱除匠籍为民"，"免征京班匠价"①。官营手工业所使用的匠役制也改为计工受值的雇募制。匠籍制废除后，匠户被编入民籍，同民户一体当差。这样，清代的手工业者便在法律上获得了与农业劳动者同等的身份和地位。雍正二年（1724）又宣布废除工匠当官差的制度，其后，经营范围已经大为缩小的官营手工业普遍采取了自由雇募制度，手工业者对于封建政权的依附关系大大松弛。手工业者这一身份的改变、地位的提高，调动了他们从事生产的积极性与主动性，也有力地促进了民间手工业的发展。

其次，严禁官府私派里甲之役，骚扰民间手工业工匠。顺治十七年（1660）下令，"禁州县私派里甲之弊"②。《清朝文献通考》释曰："十七年禁有司私派里甲之弊。凡有司各官私派里甲，承奉上司。一切如日用薪米，修造衙署，供应家具、礼物及募夫马民壮，每年婪饱之弊，通饬抚案，俱行严禁。"③康熙三十九年（1700），"复申陋规杂派之禁"④。雍正二年，有廷臣指出："大小衙署，遇有公事，需用物件，恣行科派，总甲串通奸胥，从中渔利；凡工作匠役，皆设立总甲，派定当官，以次轮转；又设贴差名目，不原赴

官者，勒令出银，大为民害。⑤"对此种种弊端，清政府又下诏严令禁止。

再次，鼓励民间开采京畿煤矿和其他矿产。顺治十年（1653），工部题准："煤税累民，概予豁免。⑥"房山等处的产煤地方"悉听民间自行开采，以供炊爨，照例完税"⑦。乾隆四十五年（1780）覆准："怀柔县北阴背山，开采煤窑。如果无碍田庐坟墓，产煤旺盛，不惟满兵生计有益，即怀柔一带商民，均沾其利。令地方招商试采。⑧"对于没收入官的煤窑，仍然"招商开采"。乾隆三十四年（1769），工部奏准："顺天府宛平县如意窑，经刑部奏明入官，由部行文顺天府，委官详查，招商开采，除人工窑柱费用外，按十二股计分，抽煤二分，交纳户部。⑨"应当看到，清政府为了京畿的安定，多方鼓励商人开采煤窑，所给予的优惠是全国其他地方无法比拟的。

除减轻煤税、提升民间开采煤窑的积极性外，清政府还协助窑商改善运输开采条件、查勘新矿区等。如康熙三十二年（1693），清廷下令："京城炊爨均赖西山之煤，将于公寺前山岭修平，于众甚属有益，著户工二部差官将所需钱粮，确算具题。⑩"乾隆二十七年（1762），"遵旨查勘（门头沟）各煤窑，历年刨挖渐深，被水浸淹，请于旧沟南修砌泄水沟六百八十余丈，使窑中积水顺流东下，水尽煤现，自可开采，需费三万六千八百余两，工本浩繁，民间办理，未免拮据。请借给帑银，交商承办，分作五年完缴"⑪。嘉庆六年（1801），门头沟窑区

旧有泄水沟"倾圮淤塞，难以开采，借给帑银五万两，交窑户承领兴修……其所领之项，分作七年完缴"[12]。又如协助查勘京畿新矿区，乾隆二十六年（1761）、四十六年（1781），清政府两次下令："各该衙门，察看煤旺可采之处"；嘉庆六年，又令"步军统领衙门，会同顺天府直隶总督，派委妥员，察看产煤山场，于可以开采之处，招商采挖"[13]。

又如银铅矿，乾隆五十五年（1790），"题准直隶延庆府属黄土梁地方银铅矿厂准其开采，照黔省银铅矿厂抽课之例办理，余银全行给商，余铅照川省之例一半官为收买"；"又奏准直隶昌平延庆二州属白羊城等处铅厂铅苗不旺，准其停采"[14]。

虽然清政府的鼓励措施仅限于采煤等部分行业，但是对于京师民间手工业的发展无疑是一种很大的促进。

二、清政府对民间手工业生产的控制措施

清代前期，政府虽在一定范围内鼓励手工业的发展，但总体来看，对手工业发展的钳制作用仍相当明显。如雍正五年（1727），皇帝谕内阁："朕观四民之业，士之外，农为最贵，凡士工商贾，皆赖食于农，故农为天下之本务，而工贾皆其末也。今若欲于器用服玩之物，争尚华巧，必将多用工匠。市肆之中，多一工作之人，则田亩中少一耕稼之人。"[15]可见，清政府还是执行传统的"重农抑末"政策，作为"末业"之一的民间手工业，必然要在政府限制之列。

清政府对手工业实行统制政策，不允许民间随意开设铺户作坊。例如铸铜业，为了限制其在京师民间发展，乾隆九年（1744），有廷臣奏议，全城364座铜铺作坊，"不许仍前四散开设，请于京城内外八旗三营地方，将现在查出官房二十六处，共计七百九十一间，即令伊等

各就近搬入官房内，开设熔铜打造"，对铜铺生产严格限制，"如有情愿改业者，听其自便，所有官房内开设各铺户，应交与步军统领衙门、顺天府尹于城内外各派拨官弁，严行稽查，将每日进铺铜斤若干，并熔化打造出铺铜斤若干数目，令稽查之员，逐日查验明确，登记号簿，报明步军统领衙门。其出入数目符合者，听其出铺发卖，如所出之数浮多，该管官即行禀报根究。倘有私销情弊，交与刑部审明，照例治罪"[16]。又如，嘉庆十三年（1808），皇帝谕令神乐署两廊附近"赁开茶馆及各项作坊共三十三处，俱不准其开设，著以本日为始，饬令严催，统限两个月一概搬移……倘届期犹未能全数搬净，著步军统领衙门将太常寺堂官参奏，交部议处；并查明任意客留不即搬移之各该民人，一并治以应得之罪"[17]。

清政府对手工业原料的开采与售卖，加以严格控制。例如硝磺业，嘉庆二十一年（1816）议准："顺天府属闻有滨河产硝之地，贫民煎熬易米度日，向有经纪收买，以备采办及匠铺买用。难保无奸民勾结私贩别情，嗣后产硝之区，应责令官硝经纪，向煎户尽数收买。其无经纪处，责成该管营汛，尽收买用。倘查有囤积居奇及抑勒短价情弊，除将该经纪惩办外，仍查取失察文物职名，送部查办。"[18]道光十三年（1833）又议定："硝斤系例禁之物，岂容民间私行埽买，应通行各督抚饬属严禁，年终结报。其各直省匠铺，每年买用硝磺数目，并迅饬查明报部核办。"[19]

商人私自夹带铁斤亦受到严格控制，道光四年（1824），"覆准商人买运铁斤出口，在各本境内打造农具，以一百斤为度，呈明地方官给照，赴口守口员弁查验放行，如有私行夹带不成器皿之铁至五十斤者，将铁入官，百斤以上者照例治罪。"[20]

清政府以破坏京师地脉风水为由，禁止银矿的开采。道光六年（1826），"昨据户部奏，大兴县民陆有章、宛平县民伍云亭等，呈请于宛平等五州县开采银矿，

朕以地近京师及易州一带非他省可比，其余地脉风水有无妨碍，饬令那彦成、陆以庄等派委公正大员详加查勘，再降谕旨。朕复思，各省银矿向俱封禁，况畿辅重地且附近易州一带，讵可轻议开挖，著直隶总督顺天府停止，委员覆勘"[21]。

此外，清政府同样以破坏风水为由，限制烧酒与榨油业的发展。据《中外经济周刊》载："北京在前清时代，因迷信风水之故，限令距城四十里以内，不准经营烧酒及榨油业。故凡中国各地方所习见之旧式榨油房（即用木制压榨器撞击出油），独不发见于北京。[22]"

三、民间手工业生产经营形式

清代前期，京师手工业的生产组织形式，大致存在家庭手工业、铺坊制、独立作坊制和个体手工艺人四种类型。

中国传统的家庭手工业一般都是为了满足自己需要而生产。然而到了清代，随着家庭手工业商品化程度的提高，一定程度上冲破了"男耕女织"的范围。京师的家庭作坊就是一种重要的生产类型。创办这类小作坊并不难，刀剪业"开一个作坊，生产工具可以借用，也可自造。只要三个子儿买铁，两个子儿买煤，还要几块现洋买些粮食和租间房子"[23]即可。家庭作坊中"夫妻店""全家福""父子兵""兄弟兵"的情况比比皆是，规模一般不大。

铺坊制是前面开店、后面开设作坊，工商合一的一种生产组织形式。这类手工业作坊还没有同商业分离，是典型的小商品生产的组织形式，京师的私营大作坊主要采取这一形式。如《燕京杂记》载："市上专门名家者指不胜数。如外城曰俭居之熟肉，六必居之豉油，都一处之酒，同仁堂之药，李自实之笔；内城长安斋之靴，启盛之金顶。[24]"

铺坊制经营多数以家族为中心，技术不外传，实行家长制领导，从管理方式看，这类铺坊又可分为三种经营方式，第一种是由东家出资，但东家不直接出面经营铺坊，而是委托掌柜管理店坊事务，招雇伙计学徒。工人一般从学徒培养，不招雇外工，西鹤年堂制药作坊采取的就是这种方式。第二种是东家和掌柜共同经营店坊，但作坊和店务经营适度分离，店由学徒和伙计看管，作坊则另设工头管理，工头可以自由招收雇工，东家辞退工人须经他同意，合香楼的制香蜡厂和六必居的制酒作坊基本属于这一类型。第三种是东家或掌柜负责铺坊事务，铺坊完全不分离，只招收伙计雇工，不收学徒。门市部与厂坊直接相连，伙计分为两部分，一部分在门市部工作，另一部分在作坊工作，两部分定期轮调，同仁堂的制药作坊属于这种类型。在铺坊制中，第三种经营方式相对优越，伙计基本上属自由雇工，可以"自由"离店，往往还能在赢利中获得一些提成分红，工人有一定的积极性。这类作坊已经含有资本主义萌芽性质，一般来说，其生产能力和效率都较高[25]。

独立作坊只开设作坊而不设门市部，独立作坊因其服务对象不同也分为两种。第一种是为固定店铺加工制造部分产品，这种作坊一般由小业主备有简单生产工具，带领四五个工人和学徒劳动，本钱很少，经营本身为大店铺控制，他们从大店铺领取活计，完成部分工序（半成品）再交给店铺，领取加工费，属于这种类型的有制鞋行业的"卖活作坊"。第二种是零星加工，直接服务的对象是市民，这类作坊一般也雇有四五个工人，旧时称作"门活屋子"[26]。

个体手工艺人，他们或在店铺作坊领活在家制作，挣取加工费；或走街串巷，从事各项服务性手工业。如京师铁匠"三四人推一席篓小车，载风箱、炸煤，打铁各具，街巷乡村，到处以锤敲磓，有烂铁者，命其打各种常用铁器"；补锅匠"有锅者扛回铺中，次日送还，亦有挑担立锅者，近又能铜盆换底"；木匠"在行者背荆筐，带小家具会雕刻"；磨刀匠"负板凳，上置粗、细磨石，早年代洗铜镜，有携一串铁片行敲者，近多推车"[27]。此外京师还有小炉匠等。

清代后期，工部职权逐渐缩小，政府对手工业的管理已明显松弛，有些官营手工业走向民间。庚子以后，清廷的一些修建工程改为"官工私做"[28]，即招商承包，而不由工部经办。皇室和王公贵族需要的手工业品和日用品更多地要到民间的作坊和店铺里去采买，或责令这些作坊代为制作，而不再自己制造。如慈禧太后宠幸的太监小德张曾在北京开办了一家"祥义"商号，专门为宫内服务[29]。

鸦片战争以后，随着生产力的变革，生产形态发生了相应的变化。据学者研究，1840年至1937年抗战前夕这一时期，中国民间手工业的经营形态主要存在依附经营、自主经营和联合经营三种类型[30]。从现有资料来看，在清末京师地区，这几种经营方式虽在一定的范围内有所表现，但还不是主要的经营形态。清代前期的家庭手工业、铺坊制、独立作坊制和个体手工艺人这四种类型仍以其历史惯性而继续存在。

四、会馆、公所、公会与民间手工业

北京的会馆在明代就已出现，清朝时较为繁盛。康熙、雍正两朝，北京的会馆有了显著的增加，乾隆、嘉庆时期达到全盛。由于京师工商业在此期间的高度发展，工商业会馆犹如雨后春笋般出现。道光十八年（1838）《颜料行会馆碑记》中说："京师为天下首善地，货行会馆之多，不啻什百倍于天下各外省。且正阳、崇文、宣武门外，货行会馆之多，又不啻什百倍于京师各门外。[31]"

清代京师的会馆数目，何炳棣根据朱一新、缪荃孙合撰的《京师坊巷志》和光绪《顺天府志·坊巷志》统计，共有会馆391所；李华在《明清以来北京工商业会馆碑刻选编》中统计为392所；吕作燮则根据《京师坊巷志》、光绪《顺天府志》，并参校《明清以来北京工商会馆碑刻选编》和日本学者仁井田陞的《北京工商ギルド資料集》进行增补，共计大小会馆445所。

清代京师的445所会馆中，属于工商业的会馆共31所，占京师会馆总数的7%。其中，纯工商业性质的会馆共有12所：（山西）襄陵北馆、（山西）临汾东馆、（山西）颜料会馆、（浙江）正乙祠、（广东）仙城会馆、（山西）潞安会馆、（山西）盂县会馆、（江苏）东元宁会馆、（山西）平定会馆、（陕西）关中会馆、（浙江）天龙寺会馆、（北直）文昌会馆。这类会馆，首先是按地域组织，其次才是依行业组织起来。

按行业建立的会馆则有：药行会馆、靛行会馆、梨园会馆、金行会馆、当商会馆、长春会馆、金箔会馆、成衣行会馆、棚匠会馆等，即所谓的行馆。这类会馆的最大特点是突破了一般会馆的地域性限制，完全按行业组织。不过，行馆并非全为工商业会馆，也有与工商业毫无关系的行馆，如惜字会馆[32]。与一般所说的行会有关的行馆至少有9所，占全部工商业会馆的29%。

药行会馆在前门外东兴隆街，有药王殿、三皇阁、戏棚、办公室等。嘉庆二十二年（1817）《重建公馆碑》记载："我同行向在南药皇庙，同修祀礼，奉荐神明，命彼伶人，听笙歌之毕奏，昭我诚敬戒礼……近因荒祠久废，古壁成尘。我同行公同合议，于海岱门外北官园之南口，相彼基址，是用创修，兴土木之工。"可见，清初京师的药商不设会馆，只是在南药王庙聚会、祭祀神农而已。之所以建立会馆，是因为"京师商贾云集，贸易药材者，亦水陆舟车辐辏而至。奈人杂五方，莫相统摄，欲使之卒涣合离，非立会馆不为功"[33]。

靛行会馆在前门外珠市口西半壁街，约在乾隆末、嘉庆初建立，这是由京师的染坊商、蓝靛商建立，又名染坊会馆[34]。

长春会馆在和平门外小沙土园，乾隆五十四年（1789）由玉器行商人建立，又名玉行会馆，因信奉长春真人邱处机，所以叫长春会馆。有大殿、过殿二所。据日本学者加藤繁调查，该会馆只是在正月和七月祭祀邱真人，同业之间没有什么协作和援助，各自完全是自由竞争，不加入会馆或不参加祭祀，对玉器商没有什么妨碍[35]。

成衣会馆为浙江慈溪县成衣行商人会馆，又名浙慈会馆，大约创立于清初，地址在前门外晓市大街。

当业会馆在前门外西柳树井，嘉庆八年（1803）成立公合堂，又名当业会馆。

棚匠会馆在陶然亭黑窑厂[36]。

清代京师的会馆，除少数是按行业组织起来的联合团体外，大多是地域性很强的同乡组织，与行会的性质不尽相同。与行会较接近的是公所或公会。清前期的公所与公会主要有：皮箱公所，位于天坛北门外牟家井，康熙二十八年（1689）由皮箱商建立；糖饼行公所，位于广渠门内栖流所，康熙四十八年（1709）由南案、京案糖饼商建立，自乾隆以来屡次重修，嘉庆五年（1800）共有八十余家参加；绦行公所，位于陶然亭内哪吒庙，由绦行商人建立，建立年代不详，最早碑为乾隆四十年（1775）；帽业公会，位于前门外銮庆胡同，乾隆年间在东晓市药王庙成立行会；手工业造纸同业公会，位于右安门内白纸坊；酒业公会，位于崇文门外东柳树井；煤行公会，位于门头沟圈门村窑神庙；猪行公会，位于西四北大街，成立时间约在乾隆前[37]。

此外，还有一种由学徒或手工业工人单独建立的会馆。如《旧京琐记》载："京师瓦木工人多京东之深、蓟州人，其规约颇严，凡属工徒皆有会馆，其总会曰九皇。九皇诞日，例得休假，名曰关工。[38]"这种工人会馆，多为反抗工商业主和封建把头的压迫剥削而成立起来的组织[39]。

京师的行会组织，在鸦片战争之前，不少手工业与商业基本上没有分工。如糖饼行会的商人，既是制作各式糕点、雇佣大量帮工的作坊主，又是出售糕点、剥削学徒的铺号。京师有不少行会，是同乡不同行的地方行帮组织。如临汾东馆，是山西临汾籍的杂货、纸张、颜料、干果、烟业等五行商人的行会；仙城会馆，是广州籍的绫、罗、绸、缎、葛、麻、珠宝、玉器、香料、干鲜果品等商人组织；潞安会馆，是山西潞安州铜、铁、锡、烟袋诸帮商人行会。京师的行会组织，与南方的一些城市，如苏州、景德镇等相比，显得要落后[40]。

五、鸦片战争后民间手工业的持续发展

鸦片战争以后，由于外国棉布、棉纱、金属制品等大量输入，使北京固有的土布、土纱、织染、冶铁等行业遭到沉重打击，与此相关的制钉业、制针业亦日趋衰落。制烛（蜡）业，本是北京传统手工业的一个重要行业。由于土烛在价格和照明度方面无法与洋烛竞争，遂造成手工烛坊大量歇闭。此外，近代铅字印刷排挤了手工刻书坊。后来，甚至连官吏顶戴上的珊瑚、玻璃球，都逐渐被日本货取代[41]。

北京手工业的部分行业虽受到洋货倾销的影响，但总体而言，其影响毕竟有限。与北京人生活息息相关的日用手工业及需要专门技艺的特色手工业，在晚清仍普遍得到发展。

北京居民的日用手工业，即衣食住行都离不开的手工行业，包括陶器、砖瓦器、刀剪、木器、筐篓、山货、手工造纸等。

陶器是北京居民大宗普通用品。带釉的称绿盆，为洗衣及厨房所用。无釉的称瓦盆，有痰盂、茶具、泡菜坛、花盆等，这些制品以朝阳门外的六里屯产量为最。

京西砂锅村，以生产砂锅最为有名，产品有砂锅、砂吊、酒炙炉等[42]。

砖瓦麻刀，以齐化门（朝阳门）外东窑制作最良，永定门外南窑为逊[43]。

打有王麻子标记的刀剪锋利异常，制品很受百姓青睐，京师的工匠在"无机器、无倒焰大炉"的条件下，"所炼钢铁已无异西人"，连外国人也不得不承认这一点，只可惜无以著述而传其法[44]。

旧式木器分硬木和柴木两种。硬木中以紫檀木最贵重，其次为花梨、樟木、楸木。柴木是指杨、柳、榆、槐，坚实耐用，普通居民多用柴木制作家具，有专营此业的桌椅铺或嫁妆铺[45]。

筐篓业包括筐铺和油篓铺二业，以荆条为原料，由乡民家庭手工编织而成，有煤筐、鸡笼、背筐、三眼筐、抬筐等。而山货业是指京郊山区所产的植木麻品，其种类繁多，如竹帚、扁担、槟榔勺、木勺、水勺、麻绳、麻袋、簸箕、柳条箱、笤帚、竹盒、竹篮等[46]。

手工造纸业有裱房用的银花纸、素花纸及豆纸，又有顺红、黄毛边及各染色之中国纸，还有出于东便门一带的文成纸等[47]。

清代后期，传统的宫廷特种工艺品生产已转向民间，光绪年间，宫廷使用的景泰蓝、玉雕、雕漆等器物大多是民间作坊制作的。如杨天利、德兴成、老天利等景泰蓝作坊、继古斋等雕漆作坊，均有上乘制品。德兴成的景泰蓝制品色彩夺目，为独特秘技。杨天利制作的炉、鼎，捏工颇为匀整。此外，还有周乐园画鼻烟壶。内画山水花果仿名人卷册，光绪初年每枚已值数十金。于啸轩所刻的象牙极为精巧，寻常人目力所不辨者，皆刻画成文[48]。

清咸同年间（或云咸丰十年，或云同治十年），有西藏喇嘛僧师徒三人至京师，在报国寺设地毯织制传习所，招收贫寒子弟，教授织制技术。两个徒弟传授制法略有不同，他们在报国寺出入分东、西两门，在京城遂有东门法与西门法之分。

自是，北京民间地毯制造业日臻兴盛。此外，清代后期还兴起料器、刻瓷等工艺，清末又发展起抽纱工艺。

北京还涌现出一批民间艺人，如面人郎、泥人张、风筝哈、葡萄常等，他们娴熟高超的技艺是北京人的宝贵财富，他们的作品深受社会各阶层人士的喜爱[49]。

---

① 《清世祖实录》卷一六，顺治二年五月条。

②⑤ 《清史稿》卷一百二十一《食货二·赋役仓库》。

③④ 《清朝文献通考》卷二十一《职役一》。

⑥⑧⑨⑩⑪⑫⑬ 《光绪大清会典事例》卷九百五十一《工部·薪炭》。

⑦ 《清高宗实录》卷一一〇，乾隆五年二月丁丑。

⑭ 《清朝续文献通考》卷四十三《征榷十五·坑冶》。

⑮ 《清世宗实录》卷五十七，雍正五年五月初四条。

⑯ 《清代钞档》，乾隆九年十月初九日鄂尔泰等奏。彭泽益编：《中国近代手工业史资料1840—1949》第1卷，生活·读书·新知三联书店，1957年，第422—423页。

⑰ 《清朝续文献通考》卷六十三《市籴》。

⑱ 《光绪大清会典事例》卷八百九十五《工部·军火·火药二》。

⑲ 《光绪大清会典事例》卷八百九十六《工部·军火·火药三》。

⑳㉑ 《清朝续文献通考》卷四十三《征榷十五·坑冶》。

㉒ 《北京之油业》，载《中外经济周刊》第159号，1926年4月，第22页。

㉓ 全慰天：《王麻子刀剪业史料拾零》，见《北京史苑》第二辑，北京出版社，1985年，第202页。

㉔ ［清］阙名：《燕京杂记》，北京古籍出版社，1986年，第130页。

㉕㉖ 孙健：《北京古代经济史》，北京燕山出版社，1996年，第257页。

㉗ 彭泽益：《中国近代手工业史资料1840—1949》第一卷，中华书局，1962年，第165页。

㉘故宫博物院明清档案部编：《清末筹备立宪档案史料》下册，中华书局，1979年，第1297页。

㉙中国科学院经济研究所、中央工商行政管理局资本主义经济改造研究室编：《北京瑞蚨祥》，三联书店，1959年，第15页。

㉚赵屹：《1840年—1937年我国民营手工艺经营形态研究》，《山东社会科学》2010年第11期。

㉛㊵李华：《明清以来北京工商会馆碑刻资料》，文物出版社，1980年，第23页。

㉜吕作燮：《试论明清时期会馆的性质和作用》，见南京大学历史系明清史研究室编：《中国资本主义萌芽问题论文集》，江苏人民出版社，1983年，第182—183页。

㉝〔日〕加藤繁：《中国经济史考证》第三卷，商务印书馆，1973年，第111页。

㉞李华：《明清以来北京工商会馆碑刻资料》，文物出版社，1980年，第5页。

㉟〔日〕加藤繁：《中国经济史考证》第三卷，商务印书馆，1973年，第119—120页。

㊱李华：《明清以来北京工商会馆碑刻资料》，文物出版社，1980年，第4—8页。

㊲李华：《明清以来北京工商会馆碑刻资料》，文物出版社，1980年，第3—7页。

㊳〔清〕夏仁虎：《旧京琐记》，北京古籍出版社，1986年，第100页。

㊴李华：《明清以来北京工商会馆碑刻资料》，文物出版社，1980年，第20页。

㊶曹子西主编：《北京通史》（第八卷），中国书店，1994年，第287页。

㊷吴廷燮等：《北京市志稿3·度支志 货殖志》卷四《工业二》，北京燕山出版社，1998年，第487页。

㊸吴廷燮等：《北京市志稿3·度支志 货殖志》卷四《工业二》，北京燕山出版社，1998年，第496页。

㊹林传甲：《大中华京师地理志》第十四篇《工师》，中华印刷局，1919年，第167页。

㊺吴廷燮等：《北京市志稿3·度支志 货殖志》卷四《工业二》，北京燕山出版社，1998年，第495页。

㊻吴廷燮等：《北京市志稿3·度支志 货殖志》卷四《工业二》，北京燕山出版社，1998年，第497—498页。

㊼吴廷燮等：《北京市志稿3·度支志 货殖志》卷四《工业二》，北京燕山出版社，1998年，第491—492页。

㊽㊾李淑兰：《北京史稿》，学苑出版社，1994年，第399页。

（作者单位：北京市社会科学院历史所）

乾隆帝笔下的圆明园淳化轩

尤 李

淳化轩位于长春园（圆明三园之一）含经堂后（图一），轩前的东西两廊镶嵌清高宗钦定的《重刻淳化阁帖》刻石（图二、图三）。此处因藏有《淳化阁帖》的北宋初拓本而得名①。据考，乾隆三十五年（1770）在含经堂后西北部增建、移建淳化轩、蕴真斋、三友轩、静莲斋、待月

楼和理心楼等，含经堂始达全盛规模。嘉庆十九年（1814），淳化轩东侧又添盖戏台、扮戏房、穿堂房，改建看戏殿，并在东侧长街之外建成多处库房②。修建淳化轩名为藏帖，实则是乾隆帝特意在御园为他日后归政预修了一座大型娱老寝宫，与稍后在大内建成的宁寿宫花园相呼应③。

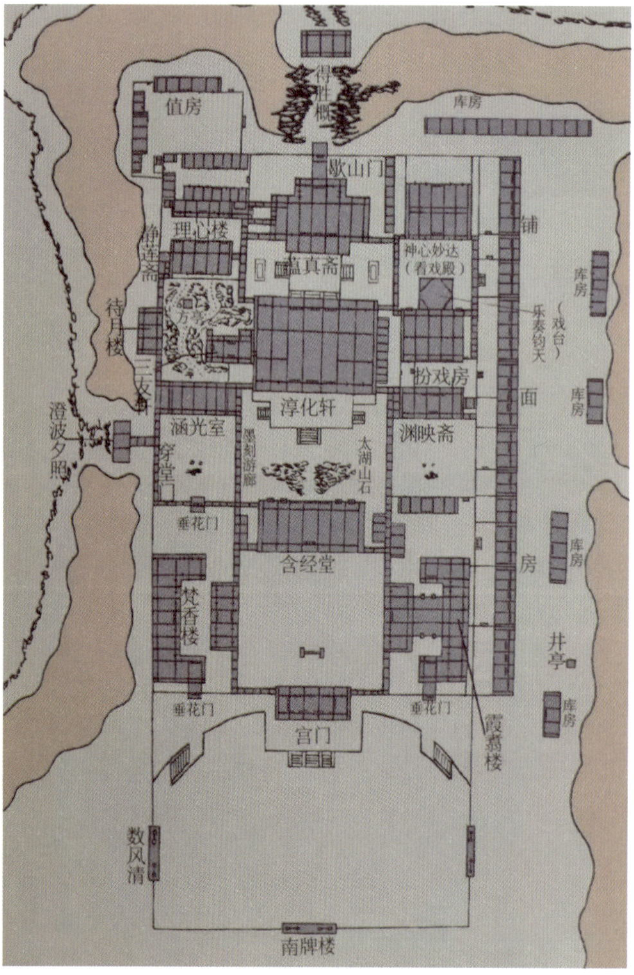

《圆明大观话盛衰》介绍圆明园淳化轩与清高宗摹刻《淳化阁帖》之情况。清高宗喜得宋太宗在淳化四年（993）四月赐给毕士安的一部初拓帖，命重刻《淳化阁帖》成后，拓制了400余部，广泛赐予皇亲、官吏、国子监、庶常馆、各省书院，一些行宫及名胜地也各贮藏一部④。《圆明园长春园含经堂遗址发掘报告》描述了淳化轩遗迹的信息⑤。《圆明园百景图志》概述淳化轩的陈设、布局及装饰⑥。朱杰先生比较长春园淳化轩与故宫乐寿堂的建筑形制、内部陈设和装修，指出二者正是这一时代背景下出自同一个设计方案的孪生建筑，代表当时建筑的最高水平。淳化轩的体量超过圆明园正大光明殿，进深深于圆明园的祖庙安佑宫，正是"非壮丽无以重威"思想的最好诠注。其刻意营造的震慑人心的外部空间效果与内檐形制相映，无疑是太上皇凌驾于天子之上的重要标志⑦。

清高宗极为喜爱圆明园的淳化轩，留下了数十首诗。但是，迄

图一 淳化轩位置示意图

图二 《重刻淳化阁贴》拓本

图三 《重刻淳化阁贴》拓本

今无人深入系统解读这些御制诗。本文尝试对其略作考察，不当之处，敬请指正。

一、赞扬《重刻淳化阁帖》

乾隆三十七年（1772），清高宗撰《淳化轩记》详细叙述重刻《淳化阁帖》[8]和建立淳化轩之缘由：

> 淳化轩何为而作也？以藏《重刻淳化阁帖》石而作也。盖自伏滔崆峒之铭，石虹尧碑之文，历代相传，石刻尚焉。然物有其成，必有其坏。世远年湮，真伪莫辨。则汉唐且难得其全者，无论周秦以上矣。故言帖必以赵宋为犹近，而宋帖必以《淳化》为最美。重刻之由，考稽之故，已见于帖前之旨，册后之跋，兹不复记，记所以藏石作轩之故云。石刻既成，凡若干页。使散置之，虑其有失也。爰于长春园中含经堂之后，就旧有之回廊，每廊砌石若干页，恰得若干廊，而帖石毕砌焉。廊之中原有蕴真斋，因稍移斋于其北，即旧基而拓为轩。事起藏帖，则以帖名

之。夫淳化，宋太宗之纪年也。为人君者即不能以唐尧虞舜为师，亦当以夏甲周成为轨。所谓取法乎上，仅能得中耳。若宋太宗始终家国之间，惭德多矣，吾所不取，而又有何慕于淳化，而以之名轩为哉？

在这里，清高宗强调淳化轩因重刻《淳化阁帖》而得名，自己并非仰慕以"淳化"为年号的宋太宗的国家治理水平。

乾隆三十八年（1773）春，清高宗作《重摹〈淳化阁帖〉成因，并弆毕士安原本于淳化轩，诗以志事》[9]：

> 初拓曾经赐文简，流传七百七旬年。
> 无双善本教重泐，有数吉光幸独全。
> 并弆书轩兹数典，非关治道彼称贤。
> 由今视昔徒佳话，义具《兰亭序》一篇。

"非关治道彼称贤"之后小注[10]曰：

> 阁帖摹刻既成，列石于轩之两廊，因即以"淳化"名轩。盖惟识藏古帖之由，而非慕宋太宗之治，详见所作《轩记》。

诗中的"文简"指宋真宗朝宰相毕士安，他的谥号为"文简"。清高宗强调淳化轩重新刊刻的书法墨迹是"无双善本"，如此珍贵的文物有幸独自保全。将这些书法墨迹收藏于淳化轩，只是称赞贤人，并非仰慕宋太宗的治国之道。清高宗认为：以今天的视角看古人，这是一段佳话，如同王羲之书写《兰亭序》的意义。

乾隆三十九年（1774）仲春，清高宗作《钩填〈淳化阁法帖〉成因题以句》[11]：

> 重镌阁帖事双钩，石版既成斯赘斿。
> 却命廓填排十册，回看初拓胜三筹。
> 解书那易工中选，得貌应从神外求。

惜纸因之惜摹本，中郎恍遇步兵俦。

在该诗的末尾，清高宗又书写一段按语[12]：

《淳化阁帖》重刻既成，因以双钩上石之本，命工填墨。昨夏驻山庄，几暇比对临写，较之追摹墨拓，更能得其用笔神理。昔人所谓双钩廓填，下真迹一等也。临仿凡三次，始能脱其情而契其神。而钩填之本，亦不可弃也。爰命装潢成册，题识如右。

清高宗在这里描述重刻《淳化阁帖》的具体技法"双钩廓填法"，赞扬其摹刻技术，并欲得《淳化阁帖》的神韵。

乾隆四十八年（1783）正月十六日小宴廷臣之后，清高宗又撰《淳化轩》[13]曰：

重摹淳化帖，石版砌厢廊。
遂以颜轩额，宁云摹宋皇。
亦经几岁月，时复赏烟光。
望雪逢优雪，益增敬不遑。

"亦经几岁月"之下小注[14]云：

壬辰年（乾隆三十七年）重刻《淳化阁帖》成，以石嵌轩壁。阅今已十二年，计宋淳化初刻时，几八百年矣。

清高宗在此回顾在淳化轩摹刻《淳化阁帖》之事，感叹已经过了12年。自己在欣赏烟火、雪景之时，对《淳化阁帖》增添敬仰之情。

从前文可知：清高宗通过重刻《淳化阁帖》并放置在淳化轩观赏临摹，体现其敬慕古雅、接续中华文化传统的努力。

二、归政后颐养天年之处

乾隆三十五年（1770）秋，清高宗撰《题淳化轩》[15]：

阁帖欣犹善本全，几余考订为重镌。
墨华辉映题轩扁，石刻珍藏嵌壁砖。
阅古于焉阅岁月，赏心何异赏云烟。
颐居倘得遂初愿，陶写端知胜管弦。

其中"颐居倘得遂初愿"后的小注[16]曰：

内府藏有《淳化阁帖》初拓，既为订正重刻，因于含经堂后回廊分嵌石

幅。廊之中拓为是轩，即以帖名名之。若纪元得至六十，则寿登八十五。彼时当归政居此，果如所愿，得以翰墨静娱，诚至乐也。

首句"阁帖欣犹善本全，几余考订为重镌"乃叙说重刻《淳化阁帖》的过程。"阅古于焉阅岁月，赏心何异赏云烟"讲述自己在此欣赏《淳化阁帖》。而"颐居倘得遂初愿"及其小注表达自己执政60年准备交权，然后到此品味文章书画，娱乐静养，这是最大的乐趣。"陶写端知胜管弦"表明在此以文章书画怡悦性情，胜过音乐。

乾隆三十六年（1771）正月十三日至十六日，清高宗奉皇太后幸圆明园山高水长观火戏，御奉三无私殿赐皇子、诸王等宴，御正大光明殿赐朝正外藩等宴，赐大学士、尚书等宴[17]。正月十九日燕九灯节之后，清高宗撰《题淳化轩》[18]：

如翼两廊砌帖版，茗华阅古作清供。
讵希治世符黄帝，匪学纪年慕宋宗。
屏展太湖得怪石，画栽台岭徒奇松。
他时结愿斯娱老，此日铭心敢懈恭。

"讵希治世符黄帝"之后小注云："见《史记·五帝纪》。""他时结愿斯娱老"之下小注曰："拟于将来八十五岁归政时居此。[19]"

清高宗在此申明自己治理国家、处理政事希望以上古圣君黄帝为榜样，而不是仰慕宋太宗，表明自己将在85岁交出权力后，到淳化轩居住养老。

乾隆三十六年夏，清高宗又作《淳化轩》[20]言：

延清契道笁，却暑抚薰弦。
此日忱勤励，他年颐养便。
一庭足花木，四壁赏云烟。
敷化原吾职，还淳岂信然？

"他年颐养便"之后小注称："予夙愿以寿跻八十五岁，即当归政。因构此轩，为他年颐居之所。[21]"

这次，清高宗来到淳化轩避暑消夏，弹奏乐器。清高宗认为：现在自己勤政、

忧国忧民，将在执政60年后交权，到此颐养天年。接着，清高宗以庭院中的花木和廊壁中的云烟起兴，述说布行教化是自己的职责，确实想让民风返回淳朴。这与清朝统治稳定之后，推行以文教治理天下的背景相符。

乾隆四十年（1775）正月十七日之后，清高宗撰《题淳化轩》[22]：

> 轩堂咫尺近，两掖曲廊连。
> 橅帖虽无暇，翻书则有缘。
> 莲壶迟昼永，梅岳识春妍。
> 他日倦勤处，期之以廿年。

清高宗称自己没有闲暇临摹《淳化阁帖》，却有缘在淳化轩翻书。他在最后一句表明自己再执政20年，即总共执政60年后即归政的愿望。

乾隆六十年（1795）正月十六日后，清高宗再撰《题淳化轩》[23]：

> 宫宁寿御园淳化，都为菟裘娱老居。
> 数岁以前豫立者，一年已近即真予。
> 天恩独厚鉴由始，众意虽殷志践初。
> 廿五竟符八六愿，岂容易得漫虚誉。

"宫宁寿御园淳化"之后小注[24]谓：

> 是处之淳化轩，亦犹大内之宁寿宫，皆豫为归政后娱老之所也。

"众意虽殷志践初"之后小注[25]言：

> 予于践阼之初，焚香告天，若得在位六十年，即当归政。今已仰蒙鉴佑，幸符初愿。在天下臣民以及外藩蒙古爱戴之诚，以予精力康健犹昔，无不望予未即倦勤者。予亦未尝不谅其悃忱，顾予已上告昊苍，曷敢有渝初志耶？

"廿五竟符八六愿"之下小注[26]称：

> 予即位时年已二十五岁，以百岁计之，已逾四分之一。而当陈愿之始，实未计及在位六十年，寿当耄耋也。明岁元日，传位嗣皇帝，予则八十六岁。若如所愿，自三代而后，未有闻者。予之仰蒙天眷，自非笃爱所独钟，岂易臻此？

清高宗开篇即指出：圆明园的淳化轩如同紫禁城的宁寿宫，都是自己归政后娱乐养老的地方。"众意虽殷志践

初"及其小注解释自己执政60年交权的原因，虽然众人拥戴，自己的身体精力能够胜任，但是不能违背自己即位之初告知上天的诺言。据《清高宗实录》所载，清高宗十分崇拜其祖父清圣祖（康熙帝），他在即将退位之际言："践阼之初，即焚香默祷上天，若蒙眷佑，得在位六十年，即当传位嗣子，不敢上同皇祖纪元六十一载之数。[27]"诗的末句"廿五竟符八六愿"及其小注宣布自己承蒙上天的眷顾，将在明年正月初一，传位于其子永琰。

综观上文所论，清高宗将淳化轩视为退位后颐养天年的居处，实质是注重其文化功能，体现清高宗仰慕和推崇汉文化。

三、追求淳朴境界

乾隆三十六年正月十五日之后、正月十九日之前，清高宗撰《淳化轩》[28]曰：

> 中矩折旋廊路循，略经修饰境如新。
> 壁间帖版待精刻，座侧芸编已毕陈。
> 鼎柏氤氲喷瑞雾，盆梅馥郁粲韶春。
> 彩灯应节飘萧缀，无易由言化致淳。

这首诗首先叙说淳化轩的布置和陈设，《淳化阁帖》还未重刻完毕，而座位旁边的书籍已经布置完成。然后，清高宗运用烟气的浓郁、盆中梅花的香味和元宵节的彩灯来渲染意境，表明自己不轻信谗言，追求淳朴的境界。

乾隆三十七年正月十五日之后，清高宗再作《淳化轩》[29]云：

> 若翼敞轩楹，明窗几席清。
> 宁惟展古帖，借以缮今情。
> 庭树芳藏干，盆梅馥满英。
> 华灯悬应节，所惭是循名。

在此处，清高宗首先描述淳化轩的陈设楹、窗和席，然后称自己在这里展示摹刻的古帖《淳化阁帖》，是为了借此保持今日的情感。接着，清高宗描写庭院中的树木、盆中的梅花香起兴，指出悬挂彩灯是为了适应节令需要，自己感到惭愧的是

这一切与"淳化"之名不符。

乾隆三十八年（1773）夏，清高宗撰《题淳化轩》[30]：

> 两廊石版壁安全，精核过于王氏编。
> 嗜古因之频阅古，引年冀以待他年。
> 分阴堪遣万几暇，尺宅恒惺方寸田。
> 虽曰宋宗无可企，以言淳化亦应然。

"以言淳化亦应然"之后小注[31]解释：

> 向作《淳化轩记》，以轩因帖命名，非慕宋太宗之年号，意本如此。夫宋太宗始终家国之间多惭德，其人固不足取。然化理欲淳，实为君者所当勉也。

清高宗认定淳化轩安置的《重刻淳化阁帖》的精核程度超过宋太宗朝王著所编《淳化阁帖》，自己仰慕古人，等待以后年老归政。清高宗言自己日理万机，只有极短的时间在这里度过闲暇时光。诗的最后两句及其小注中，清高宗声明宋太宗治国治家有缺失而内愧于心，不足以取法，但是身为君主应当尽力努力追求淳朴的境界。

乾隆三十九年正月十六日，清高宗又撰《淳化轩》[32]曰：

> 堂后斋前步履巡，两廊石刻早安匀。
> 昨经三仿终还始，却鲜一如精与神。
> 略省察都愧往古，少排徊又是新春。
> 即兹灯节宁能罢，无易由言欲化淳。

此诗首先称淳化轩的两边走廊安放《重刻淳化阁帖》已经妥当，然后说自己已经模仿《淳化阁帖》多次，却很少达到其精神境界。自己反省一言一行，觉得愧对古人，即使取消正月十五日的这场灯节，也不要轻易由此说"欲化淳"。

乾隆四十一年（1776）上元节后，清高宗作《淳化轩》[33]谓：

> 宋淳化帝非我慕，慕以摹帖因额轩。
> 订讹考异不无耳，聚精会神何有焉？
> 云廊石版既罗列，银榤珠缀原缤繙。
> 循名责实如自问，化岂淳哉难饰言。

其中"宋淳化帝"指宋太宗，他在位时曾以"淳化"为年号。清高宗指出自己不仰慕宋太宗，但是仰慕他在位时期刊刻的《淳化阁帖》，因此在含经堂摹刻《淳化阁帖》，罗列在走廊，并命名为"淳化轩"。而且，此处的《淳化阁帖》经过"订讹考异"。在末尾，清高宗自问离"淳化"的境界还有差距。

乾隆四十二年（1777）正月十六日，清高宗小宴廷臣之后撰《节后含经堂》，然后作《淳化轩》[34]言：

> 谁能无结习，翰墨宿缘耽。
> 帖板因翻古，书轩辟向南。
> 漏添阁莲永，春入盎梅酣。
> 绮缀犹宫炬，顾名每自惭。

清高宗在此强调自己与书法艺术的缘分，每次面对"淳化轩"之名，自己都感到惭愧。这反衬出他追求淳朴的理想境界。

乾隆四十四年（1779）正月十五日之后，清高宗书《淳化轩》[35]云：

> 两廊排石墨，展步造轩新。
> 可阅今今古，难参精与神。
> 消闲忽已夏，阅什再经春。
> 所益忸怩者，何曾化致淳。

清高宗在淳化轩观摩《重刻淳化阁帖》，认为自己难以领会其中的精神。他在最后指出自己从未达到极其淳朴的境界。

乾隆四十六年（1781）正月十六日小宴廷臣之后，清高宗又作《淳化轩》[36]曰：

> 次第答华年，轩庭春晓天。
> 大都久阙咏，遂与偶成篇。
> 苔彩砌廊旧，梅英绽盎鲜。
> 节灯犹在架，淳化岂其然？

在这里，清高宗感叹自己的青春年华流逝，皇宫又迎来了春天，自己很久没有咏诗，这次偶然成篇。淳化轩的走廊依旧，梅花绽放，上元节的华灯还放在架子上。最后，他反问自己：难道"淳化"是如此吗？此反证他内心追求淳朴的境界。

乾隆四十七年（1782）正月十六日小宴廷臣之后，清高宗撰《淳化轩得句》[37]：

> 含经淳化隔非遥，接以游廊数步消。
> 嵌壁苔华已旬岁，映窗珠蕊又春朝。
> 宝灯亦自云楣缀，绛蜡何曾午夜烧。

近奖嘉言曰返朴，行无能只益增焦。

最后两句之下小注⑧云：

昨大理少卿刘天成奏《近时风俗，请崇俭还淳》一折。予心是其言，而行之实有所难。盖太平日久，由俭入奢，不期而然，骤加禁令，罹法者转多，且游手好闲者未免失其资生。是其言可谓嘉奏疏，而以为治世之良法，则未也。因将奏折发钞，并通谕中外，咸知此意。

此诗首先叙述《重刻淳化阁帖》镶嵌于墙壁已经满一年，春天又来了，节日的灯火还在。由末尾两句及小注可知：对于大理少卿刘天成所奏《近时风俗，请崇俭还淳》，清高宗心里赞成其观点，但是认为实行难，增加自己的焦虑。因为国家太平的日子长了，无法再由奢侈之风回到俭朴之风。如果骤然增加禁令，不仅违法者多，还会让不事农业生产的游手好闲之徒失去生计。清高宗认定刘天成的奏疏是个好奏疏，但不是治理国家的好方法。这反映出乾隆朝奢靡之风盛行，连清高宗都自感无法有效遏制。

乾隆五十一年（1786）正月十六日小宴廷臣之后，清高宗书《淳化轩》㊴谓：

初赐毕家本，精摹信可凭。

去真无一间，砌壁有多层。

漫议褚冯鲜，犹堪杞宋征。

顾名曰淳化，化俗竟何曾？

此处的"毕家"指宋真宗时宰相毕士安。这首诗称淳化轩所藏《重刻淳化阁帖》根据毕士安的摹本，可以凭信，但是很少议论唐太宗时代的书法家褚遂良和冯承素。虽然这座建筑命名为"淳化"，可是何曾真正化俗？

乾隆五十九年（1794）正月十六日后，清高宗又作《淳化轩口号》㊵：

淳化因藏旧版真，两廊石壁拱轩唇。

虽云集古存朴雅，自议过奢那待人。

在这里，清高宗看着镶嵌在淳化轩两廊石壁的《重刻淳化阁帖》，感慨虽然声称在此搜集古代书法字帖，意为保存朴雅之风，实际上自己过于奢侈。

由上文可见：清高宗欲追求淳朴的境界，但现实情况是不仅自己难以做到，而且奢靡之风已经广为盛行。

四、尽力治理国家

乾隆三十六年五月，清高宗撰《淳化轩》㊶曰：

屏石叠玲珑，文轩有路通。

建廊藏帖版，开户对薰风。

烟月怡神表，古今想像中。

设因验治理，亦得我心同。

清高宗选取淳化轩之典型景物叠石、走廊、《重刻淳化阁帖》石版和朦胧的月色渲染美景之后，表明自己用淳化之心治理国家。

乾隆五十年（1785）正月十六日小宴廷臣之后，清高宗作《淳化轩志愧》㊷言：

由俭入奢易，由奢反俭难。

百年太平世，民物诚熙然。

以此诸物贵，平之岂易言？

设使严禁令，罹法必多焉。

游手好闲辈，亦借谋食权。

使其尽归农，安得如许田。

均田虽有法，亦惟故纸传。

富者必失业，贫者讵被全？

图治先致乱，可不思其艰。

万目补苴策，淳化徒名轩。

这首诗首先宣称保持俭朴的重要性，恰恰说明当时的社会已经崇尚奢侈。接着，清高宗分析原因：本朝经历了百年的太平，民物兴盛，因此物价昂贵，平抑物价岂是容易之事？假如严设禁令，违法者必然众多。游手好闲之徒也借此谋取食物、谋取权力，要尽力使这批人都回归农业生产。均田制度虽然有章法，也只能在旧纸堆里流传。这样下去富者必定失业，贫者又岂能保全？要想办法把国家治理好，就要先致力于平息祸乱，自己怎能不思索其中的艰辛？清高宗对时事忧虑不安，欲弥补缺陷，那么以"淳化"来命名此轩，只是徒有虚名。

清高宗在晚年喜谀而恶直，生活豪奢，游幸无度，他统治的中后期，既贪图享乐，又欲维持盛世。乾嘉之际政治危机最重要的是政治腐败、社会动荡[43]。在这样的背景之下，清高宗咏诗感叹"淳化"之难。

乾隆五十二年（1787）正月十六日小宴廷臣之后，清高宗再撰《淳化轩有愧》[44]云：

> 淳化因藏帖，循名未副名。
> 岂真在墨宝，讵可忘民生？
> 风俗漓惟甚，货财价匪轻。
> 徒称滋户口，惭愧在持盈。

"徒称滋户口"之后小注[45]称：

> 我朝顺治初年，民数不过一千六十三万。今休养生息百数十年，民数已至二万七八千万之多，较国初增二十倍。户口多则用物多，物价安得不贵？此保泰所以难也。

清高宗开篇即指出淳化轩因收藏《重刻淳化阁帖》而得名，采用"淳化"之名，却与"淳化"之实不相符合。虽然这里收藏书法作品，难道自己能忘了民生？现在浮薄的风俗十分盛行，户口迅速增长，物价很高，要保持安定兴盛的局面，很不容易。自己无法做到"持盈保泰"，感到惭愧。

乾隆朝的统治方针便是"持盈保泰"。持盈保泰以维持全盛局面为目标，具体内容包括：勤政、关心民生，编纂整理典籍文献，重视人才培养，扶植纲常，折中公当，杜遏邪言，以正人心。持盈保泰政策带来皇权的扩张与强化、文化专制和严密的思想控制[46]。

总之，在乾隆朝，吏治腐败，社会动荡，奢侈浮薄之风蔓延，清高宗欲以淳化之心治理好国家，但是极难推行。

五、赞赏淳化轩之梅花

乾隆五十二年清明，清高宗书《淳化轩对庭梅作》[47]：

> 盆梅不一足，庭梅北地稀。
> 南暄北地寒，气候谁能移？
> 然而有权衡，亦在人之为。
> 去盆植于庭，棚架护略施。
> 巧值腊雪优，更逢春早期。
> 清明即开花，较南未大迟。
> 御园随处有，出类乃在斯。
> 斯为淳化轩，繁英发前墀。
> 朵朵吐芳英，累累重垂枝。
> 虽繁而弗艳，是谓仙人姿。
> 向阳棚开门，护树架旁围。
> 匪只怜芳华，其义颇可思。
> 棚为藏用道，树乃显仁时。
> 互妙在合撰，阐精摛斐词。

该诗之后按语[48]曰：

> 按"显仁藏用"之语，予于读《易·系辞上》传略见其义。然彼乃重于鼓万物，而不与之意，以天地无心，圣人有心也。兹则咏庭梅，而及显仁藏用，乃重于显藏之意，故特申而明之。盖显之仁，即藏之之用。显而无藏，一往安穷。藏而无用，归乎寂寞。显诸仁，乾之元也。藏诸用，乾之贞也。一阖一辟，生生不息。即一梅之显藏，而万事万理无不该。致中和而天地位，万物育亦如是而已矣。

清高宗在此首先描述淳化轩的梅花盛开的情况，指出此庭院中的梅花采用棚架保护，也在清明时节开花，没有比南方的梅花晚多少。他认为淳化轩的梅花是圆明园中最突出的。清高宗在诗的末尾指出：棚架代表"藏用"之道，而庭院中的梅花树代表"显仁"之道，二者互妙，万物孕育都是这个道理。综合该诗的按语可知："显仁藏用"取自《易·系辞上》，意为将自己的才能和功用深藏起来，不让他人知道，隐藏功用而更显表其仁德。

乾隆五十六年（1791）仲春，清高宗《咏淳化轩庭梅》[49]曰：

> 春寒今岁勒花荣，淳化庭梅却发英。
> 讶看舒风迎玉砌，悟因护暖罩毡棚。
> 笑羸盆树枯和菀，幻结山桃弟与兄。
> 芳谱何须分次第，偶来七字偶摅情。

"笑嬴盆树枯和菀"之后小注言："屋中盆梅却烂漫矣。""幻结山桃弟与兄"之后小注称："近日山桃始开。"⑤

清高宗描述当年春季淳化轩庭院中的梅花因有毡棚保暖而开花，而屋内盆中的梅花却已经盛开得鲜丽，与山桃开花时间相同。

乾隆五十七年（1792）三月，清高宗又撰《咏淳化轩庭梅二首一韵》㉛：

庭梅自与盆梅异，谢却火攻何碍迟？
犹忆昔年言理趣，显仁藏用会于斯。
今年春冷因通闰，最早山桃亦放迟。
却是庭梅具深意，送行几朵发英斯。

"显仁藏用会于斯"之后小注㉜谓：

显诸仁即藏诸用。一合一开，生生之所以不息也。庭前植梅二株，冬间围以毡棚，向阳开门。春暖则彻棚花发，即一梅而显藏之理可会。丁未（即乾隆五十二年）淳化轩对庭梅作，识语中曾阐其意。

"送行几朵发英斯"之下小注㉝解释：

向年庭梅至春仲已盛开，今岁以通闰，花信俱迟。日内将启跸西巡，枝头数朵舒英，如有意然。

清高宗在诗中感叹今年春季寒冷，淳化轩庭院中栽培的梅花开花比往年迟，然后以梅花的开合阐述"显仁藏用"的道理，最后点出自己将再次西巡五台山，庭院中的梅花恰好在此时盛开几朵，似乎是有意为自己送行。

清高宗在位期间六巡五台山。乾隆五十七年，清高宗西巡五台山是延续前几次的惯性来拈香，他的身体状况已经无法长途跋涉，渴望留住时光，体现他的功业和才华。清高宗西巡五台山以表达自我境界的超凡，提升格鲁派首领在五台山的地位，五台山藏传佛教地位实现跨越式提升。这对他笼络藏族、蒙族、汉族，从意识形态层面统治国家具有重要意义㉞。

乾隆五十八年（1793）仲春，清高宗再撰《淳化轩庭梅盛开，叠去岁二首一韵》㉟：

立春岁运自常度，应节梅开故不迟。
却看盆中花谢尽，先残后盛理如斯。

淡红深白难为色，注目凭怀合为迟。
芳采花心蜂尽集，试思彼有孰教斯？

"试思彼有孰教斯"之后小注㊱解释："万物生生各适其性，随其时。民之不识不知顺，帝之则亦如是耳。一涉有为，便失本来。"

这首诗描写仲春时节淳化轩庭院中的梅花盛开，而屋内盆中的梅花早已凋谢。最后一段小注表达作者的心声：要让万物按照自己的特性、随着自己的时候生长，一旦人刻意有作为，便失去本来面目。

从上文可知：清高宗在淳化轩写景咏梅的目的在于抒情、阐发"显仁藏用"之理。

六、结语

乾隆帝对书籍、艺术和鉴赏的兴趣，是他所追求的帝国统治模式的一部分㊲。清高宗吟咏淳化轩的诗文，真正探讨书风和书法理论的很少，大部分是赞扬《重刻淳化阁帖》和淳化轩的梅花，将淳化轩视为自己归政后的养老之处，对"淳化"之意进行阐发，抒发自己追求淳朴的境界，欲治理好国家。

实际上，在乾隆时期，清朝已经面临众多危机。当时政务废弛，吏治腐败，流民群、秘密结社、农民暴动以及其他族群的反抗斗争风起云涌，清朝统治者却沉醉于莺歌燕舞。乾隆四十年后，清高宗的为政作风发生较大变化，日益自满，喜听奉承，追求享乐，豪华奢侈愈来愈盛。乾隆朝后期因连年征战、清高宗本人奢侈，开销庞大，物价上涨，国家财政逐渐拮据。

清高宗希望返回"淳化"之风，甚至认为只要回到淳化之风，就能解决问题，治理好国家。其实，清高宗的认识失之肤浅。当时，清朝面临的社会问题和政治危机非常复杂，面对的国际环境是西方经过工业革命和启蒙运动迅速崛起，而清王朝却沿着传统轨道缓慢行进。只是纠正社会风气，根本无法解决错综复杂的问题，即使返回淳朴之风也改变不了清帝国逐渐落后于西方列强的事实。

本文为北京学研究基地开放课题"圆明园同乐园与含经堂历史文化内涵研究"（项目编号BJXJD-KT2020-YB01）阶段性研究成果。

①圆明园管理处编：《圆明园百景图志》，中国大百科全书出版社，2010年，第304页。

②圆明园管理处编：《圆明园百景图志》，中国大百科全书出版社，2010年，第301页。

③圆明园管理处编：《圆明园百景图志》，中国大百科全书出版社，2010年，第306页。

④张恩荫：《圆明大观话盛衰》，紫禁城出版社，1998年，第146—150页。

⑤北京市文物研究所编著：《圆明园长春园含经堂遗址发掘报告》，文物出版社，2006年，第22—23页。

⑥圆明园管理处编：《圆明园百景图志》，中国大百科全书出版社，2010年，第304—306页。

⑦朱杰：《长春园淳化轩与故宫乐寿堂考辨》，《故宫博物院院刊》1999年第2期，第26—38页。

⑧《清高宗御制文二集》卷一二，故宫博物院编：《清高宗御制文》第2册，海南出版社，2000年，第9页。

⑨⑩《清高宗御制诗四集》卷一一，故宫博物院编：《清高宗御制诗》第11册，海南出版社，2000年，第117页。

⑪《清高宗御制诗四集》卷一九，故宫博物院编：《清高宗御制诗》第11册，海南出版社，2000年，第254—255页。

⑫《清高宗御制诗四集》卷一九，故宫博物院编：《清高宗御制诗》第11册，海南出版社，2000年，第255页。

⑬⑭《清高宗御制诗四集》卷九四，故宫博物院编：《清高宗御制诗》第14册，海南出版社，2000年，第213页。

⑮⑯《清高宗御制诗三集》卷九二，故宫博物院编：《清高宗御制诗》第9册，海南出版社，2000

年，第335页。

⑰《清高宗实录》卷八七六一八七七，乾隆三十六年正月乙卯至戊午，《清实录》第19册，中华书局1987年影印本，第19810—19811页。

⑱⑲《清高宗御制诗三集》卷九四，故宫博物院编：《清高宗御制诗》第10册，海南出版社，2000年，第29页。

⑳㉑《清高宗御制诗三集》卷九九，故宫博物院编：《清高宗御制诗》第10册，海南出版社，2000年，第107页。

㉒《清高宗御制诗四集》卷二六，故宫博物院编：《清高宗御制诗》第11册，海南出版社，2000年，第378页。

㉓《清高宗御制诗五集》卷九四，故宫博物院编：《清高宗御制诗》第19册，海南出版社，2000年，第89—90页。

㉔《清高宗御制诗五集》卷九四，故宫博物院编：《清高宗御制诗》第19册，海南出版社，2000年，第89页。

㉕㉖《清高宗御制诗五集》卷九四，故宫博物院编：《清高宗御制诗》第19册，海南出版社，2000年，第90页。

㉗《清高宗实录》卷一四八六，乾隆六十年九月辛亥，《清实录》第27册，中华书局1987年影印本，第28877页。

㉘《清高宗御制诗三集》卷九四，故宫博物院编：《清高宗御制诗》第10册，海南出版社，2000年，第26页。

㉙《清高宗御制诗四集》卷二，故宫博物院编：《清高宗御制诗》第10册，海南出版社，2000年，第384页。

㉚㉛《清高宗御制诗四集》卷一三，故宫博物院编：《清高宗御制诗》第11册，海南出版社，2000年，第145页。

㉜《清高宗御制诗四集》卷一八，故宫博物院编：《清高宗御制诗》第11册，海南出版社，2000年，第235页。

㉝《清高宗御制诗四集》卷三四，故宫博物院编：《清高宗御制诗》第12册，海南出版社，2000年，第118页。

㉞《清高宗御制诗四集》卷四二，故宫博物院编：《清高宗御制诗》第12册，海南出版社，2000

年，第265页。

㉟《清高宗御制诗四集》卷六二，故宫博物院编：《清高宗御制诗》第13册，海南出版社，2000年，第149—150页。

㊱《清高宗御制诗四集》卷七八，故宫博物院编：《清高宗御制诗》第13册，海南出版社，2000年，第381页。

㊲㊳《清高宗御制诗四集》卷八六，故宫博物院编：《清高宗御制诗》第14册，海南出版社，2000年，第89页。

㊴《清高宗御制诗五集》卷二十，故宫博物院编：《清高宗御制诗》第16册，海南出版社，2000年，第48页。

㊵《清高宗御制诗五集》卷八六，故宫博物院编：《清高宗御制诗》第18册，海南出版社，2000年，第378页。

㊶《清高宗御制诗三集》卷九八，故宫博物院编：《清高宗御制诗》第10册，海南出版社，2000年，第89页。

㊷《清高宗御制诗五集》卷一二，故宫博物院编：《清高宗御制诗》第15册，海南出版社，2000年，第325页。

㊸高翔：《康雍乾三帝统治思想研究》，中国人民大学出版社，1995年，第367—382、385—404页。

㊹㊺《清高宗御制诗五集》卷二八，故宫博物院编：《清高宗御制诗》第16册，海南出版社，2000

年，第189页。

㊻高翔：《康雍乾三帝统治思想研究》，中国人民大学出版社，1995年，第304—359页。

㊼《清高宗御制诗五集》卷二九，故宫博物院编：《清高宗御制诗》第16册，海南出版社，2000年，第214页。

㊽《清高宗御制诗五集》卷二九，故宫博物院编：《清高宗御制诗》第16册，海南出版社，2000年，第214—215页。

㊾㊿《清高宗御制诗五集》卷六三，故宫博物院编：《清高宗御制诗》第17册，海南出版社，2000年，第403页。

51○52○53○《清高宗御制诗五集》卷七一，故宫博物院编：《清高宗御制诗》第18册，海南出版社，2000年，第131页。

54○赵利文：《乾隆帝西巡五台山考》，《青海民族大学学报》2014年4期，第46—57页。

55○56○《清高宗御制诗五集》卷七九，故宫博物院编：《清高宗御制诗》第18册，海南出版社，2000年，第268页。

57○[美] 欧立德（Mark C. Elliott）著，青石译：《乾隆帝》，社会科学文献出版社，2014年，第180页。

（作者单位：北京市海淀区圆明园管理处）

琉璃厂胡同历史文化脉络及未来发展规划探析

韩熙乐　　罗显怡　　于慧鑫　　熊　航

明清时期的琉璃厂多有文人墨客在此居住，常记载琉璃厂的风物与轶事。代表著作为李文藻写于乾隆年间的《琉璃厂书肆记》，该书是首部作者结合自身经历对琉璃厂书业进行详尽记载的文献。书中共列举书店三十一家，详细描述了当时经营者的活动。第一部全景式记载琉璃厂风物见闻的著作是孙殿起先生的《琉璃厂小志》，该书集前人之大成，不仅收录琉璃厂的自然地理与人文环境信息，更在此基础上深度挖掘琉璃厂的历史内涵。

到了近现代，琉璃厂的出版、文献、印刷、古玩经营、古旧书经营等方面受到了学界的关注，相关学术研究数量日趋增多、范围涉猎愈广。马建农的《北京古旧书业的行业特征及其影响》全面整理北京古旧书业发展历程，其中详细梳理了琉璃厂书肆业的突出贡献。董雪娟的《朝鲜使臣笔下的乾隆时期北京琉璃厂形象》，通过朝鲜使臣洪大容的视角描绘了北京琉璃厂的独特形象，展现了其既是学术氛围浓厚的文化中心又是奢华靡丽商业街道的双重功能。

琉璃厂现有研究文献在时间上多集中于19世纪后半叶，对于前一百多年的历史记载较为匮乏；在研究对象上，主要集中于旧书经营、古玩、字画等具有传奇性内容叙述的行业，是研究北京城风貌变迁不可或缺的重要内容。

一、琉璃厂历史沿革

（一）北京琉璃厂地名由来：辽代至明代

北京琉璃厂，顾名思义，北京城琉璃窑址所在地（图一）。据孙殿起《琉璃厂小志》记载："厂址则北至西河沿，南

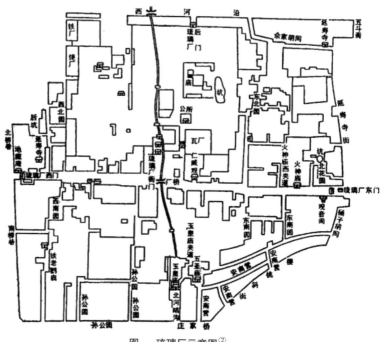

图一　琉璃厂示意图②

至臧家桥及孙公园，东至延寿寺街及桶子胡同，西至南、北柳巷。厂甸中间有桥一座，桥北即琉璃窑，今则仅和平门外，从西河沿以南，直抵琉璃厂中间（南新华街北口）南北十字路口一带，史称厂甸。①"

琉璃厂之沿革最早可追溯至辽金两朝。辽金时期，因为需要营建都城，北京琉璃厂所在之地逐渐成为都城近郊。后自元至清，琉璃厂一地成为窑址，乾隆三十五年（1770），窑工取土于厂中隙地，于地穴下得李内贞铭石，有"埋葬于京东燕下乡海王村"等字，"始知地即辽之海王村也"。琉璃厂一地原址所谓"旧有延寿寺，寺基原极广廓，东至五斗斋，西至方壶斋，故老相传'东有五斗，西有方壶'"③。

"琉璃厂"一名始于元代，是典型的根据其地区功能得名的地理区域。元代定都北京，称"大都"，海王村因此成为都城的南郊。由于都城建筑的需要，元朝在这里修建琉璃窑，烧制琉璃瓦。明永乐年间，明成祖朱棣将都城由南京迁至北京，官府在这里先后建立了琉璃厂、神木厂、台基厂、大木厂和黑窑厂④，称"五大厂"。

（二）窑址与书肆：清代至民国

北京琉璃厂在清代的发展与满洲统治者入关后的一系列制度设计和行政建置有关。清朝入关后在北京城内实行旗民分置的政策，对旗人与汉人所居之地分别进行管理，要求"凡汉官及商民人等尽徙南城"。这一政策的推行实际上是将北京城市内部的区域功能进行了重新设计。位于宣南的琉璃厂一带聚居了大量汉人官员，他们不仅是职业官僚，也是擅长书画、国学底蕴深厚的文人大家，使琉璃厂一地文化气息渐浓。比较典型的学者有龚鼎孳、吴伟业、孙承泽、朱彝尊、王士禛、戴震、钱大昕等。明末清初的著名学者孙承泽在琉璃厂附近的住宅和花园被称为孙公园。现在的琉璃厂南侧还有前、后孙公园胡同，就是孙承泽住宅的遗址。王士禛居于北京期间，住在琉璃厂的火神庙夹道。

"海内三布衣之一"的朱彝尊则寓居于海波寺街⑤。在这种环境下，为文人学士服务的会馆也应运而生，这些大大小小的会馆，有的为应试举子或进京述职的官员提供居住的处所，有的为文人雅士提供休闲娱乐的场地，这些文化名人的广泛流动，使得琉璃厂一带成为当时北京城著名的文化集散地。

伴随文化氛围的浓郁而兴起的是书肆行业。依《琉璃厂小志》载，清乾隆后，琉璃厂一地"渐成喧市，特商贾所经营者，以书铺为最多，古玩、字画、文具、笺纸等次之，他类商品则甚少"⑥。

明嘉靖年间，琉璃窑搬迁，琉璃厂之处逐渐空闲，虽然北京城内的书肆行业于明代已有雏形，但琉璃厂尚未成为书肆集聚之地。据《琉璃厂小志》所载，清初之时，北京城内书市移于南城广安门内慈仁寺，但慈仁寺也并未一直承担书肆集聚地的功能。王士禛《香祖笔记》云："每月朔望及下浣五日，百货云集，慈仁寺书摊只五六，往时间有秘本，二十年来绝无之。"即是说往年慈仁寺书市间有秘本，但是二十年来已近绝迹，由此可知慈仁寺书市在发展过程中逐渐衰落，北京城内书市中心发生转移。

琉璃厂书市的发展始于清乾隆三十八年（1773）。琉璃厂一地多文人雅士，环境清新雅致，参与撰修《四库全书》的馆臣也多寓居于此，成为当时书肆设立的最佳之地⑦。如翁方纲《复初斋诗集》注云："乾隆癸巳，开四库馆，即于翰林院藏书之所，分三处。凡内府秘书发出到院为一处，院中旧藏永乐大典内有摘钞成卷汇编成部者为一处，各省采进民间藏书为一处。每日清晨，诸臣入院，设大厨，供茶饭，午后归寓，各以所校阅某书应考某典，详列书目，至琉璃厂书肆访之。"琉璃厂在乾隆年间完成了由窑址向文化中心的转变，这一转变不仅体现在汉人文士的笔下，而且还出现在朝鲜士人的《燕行录》中。朝鲜英祖四十一年（1765），洪大容在其《湛轩燕记》中有一段关于琉璃厂书肆藏书情况的描写："书肆有七，三壁周设悬架十数层，牙签整秩，每套有标纸，量一肆之书，已不下数万卷，仰而良久，不能遍省其标号，而眼已眩昏矣。⑧"卷帙浩繁又琳琅满目，是朝鲜文人对琉璃厂书肆的普遍印象，可见琉璃厂书肆在当时的繁荣与鼎盛。

书肆的繁荣是琉璃厂一带发展的重要契机。书肆业的发展不仅促进了此地的文化交流与融合，而且使得大量外来商户借书肆业发展前往京城。最早活跃在琉璃厂的书商多为江西人，在清中晚期，由于地缘的亲近，经商有道的"冀州帮"多聚集在京津等地。在北京的冀州商人主要活跃于琉璃厂，经营古旧书业。"琉璃厂书肆，乾嘉以来，多系江西人经营……代江西帮而继起者，多河北南宫、冀州等处人，彼此引荐子侄，由乡间入城谋生。偶有他县人插足其间，不若南宫、冀州人之多；若外省人，则更寥寥无几矣。"⑨这些来到京城靠书肆谋生的冀州商人在耳濡目染中，也逐渐成为版本目录学方面的专家。如经营"来薰阁"的陈杭，对古旧书刊收售业务经验较丰富，对古籍"版本学甚精"，其经营的书肆更是成为当时北京最大的私营古旧书店。冀商与琉璃厂清末近代以来的发展密切相关，直到1956年前，琉璃厂最大的三家书店——来薰阁、荣宝斋、中华书局都是由冀商经营的⑩。

（三）书肆与集市：文化与娱乐功能的交融

琉璃厂书肆的繁荣带来了大量的人员流动，文化功能也逐渐与娱乐功能交融。清康熙十八年（1679）城隍庙会因为地震的缘故由慈仁寺搬迁到琉璃厂，加上琉璃厂原本就有火神庙等，由此衍生出的民俗活动更是热闹非凡。潘荣陛在《帝京岁时纪胜》中专门记载"琉璃厂店"一条，描绘其"每于新正元旦至十六日，百货云集，灯屏琉璃"之景，可见在清中期北京城内居民已经把逛厂甸当作岁初的娱乐活动⑪。

民国六年（1917），内务部总长钱能训决定在琉璃厂旧窑址附近修海王村公园，琉璃厂书肆的文化功能与娱乐功能进一步结合。一方面有黄思永主办之工艺局，陈列珐琅等工艺商品，另一方面此地兼有旧时之传统民俗载体如火神庙等庙会中心。据《琉璃厂小志》载，"民国以来，琉璃厂历年自旧历正月初一起，有半个月之集市，最为热闹。……海王村公园为厂甸春节市集之中心，厂东门内火神庙，亦为游厂甸者所必至"⑫。孙殿起本人曾游览琉璃厂市集，他提到海王村公园内小吃、玩耍之物多不胜数。由此可知，原本较为单一的书肆行业在民国时期与饮食、娱乐产业相交融，琉璃厂一地实现了区域的多功能发展。

（四）发展新阶段：重心转变与时代创新

新中国成立前夕，古玩业与书业受到较大冲击，"因为'洋大人'都在急急忙忙的准备逃跑，这些依附于'洋大人'的商业，当然要垮台"⑬，书业因当时急剧通货膨胀，大批书籍已达到了论斤称售的地步。新中国成立初期，政府十分重视抢救、保护古旧书刊。1952年11月，为了加强古籍收集、保护与整理工作，在政务院秘书长齐燕铭、文化部副部长郑振铎、北京市副市长吴晗等人的共同倡议之下，成立了我国第一家国营古旧书店——中国书店。随着社会主义改造稳步进行，琉璃厂地区的"来薰阁""邃雅斋"被纳入直属中国书店领导下的古旧书刊收售网点，收集并抢救了大量解放前后中外文古旧书刊、碑帖、字画与革命文献资料。琉璃厂成为以中国书店为代表的古旧书业、以荣宝斋为代表的书画业、以北京市文物商店为代表的古玩业三大国营单位的聚集地。"文革"时期北京古旧书业遭到严重破坏，中国书店被诬陷为"三家村"黑店⑭，琉璃厂等多处古旧书刊收售门市部被迫关门整顿。

"文化大革命"后，在当时国务院副

总理谷牧的直接领导下，琉璃厂文化街建设工程进入筹建阶段；1980年，琉璃厂文化街改建工程正式动工。20世纪80年代，琉璃厂的空间格局不仅发生变化，其商业发展更进入全新时期。随着改革开放及市场经济体制的建立，琉璃厂焕发出勃勃生机，国有的书店、书画店、文物商店与私营的店铺又同时出现在这条曾经繁荣的街道上。这一时期至今的琉璃厂，已经大大区别于先前的传统经营，其文化功能与文化影响发生了质的飞跃，更作为一张北京旅游的文化名片，成为来京游客纷纷到访的旅游景点。

二、北京琉璃厂现状分析

（一）景区规划不断调整，"互联网+"与传统行业相互渗透

广义上的北京琉璃厂涵盖厂甸、新华街、火神庙等地，狭义上的北京琉璃厂为东西琉璃厂两街。北京琉璃厂景区多以狭义标准进行重点规划，辐射周围区域，依托历史街区打造集文化游览、古玩字画交易产业为一体的综合性景区（图二）。

2004年，北京市提出《2004—2008年北京市文化产业发展规划》，明确提出文化产业发展是北京经济新的产业支柱，用更细化的政策为琉璃厂的发展奠定基础。琉璃厂文化艺术品交易区于2008年被纳入第二批北京市文化创意聚集区，其与大栅栏商业区融合发展，成为具有历史文化底蕴和传统文化特色的文化产业聚集发展的产业区，被定位为国家级诗书画印鉴赏交易中心区。北京琉璃厂在完成对历史街区房屋的保护修缮、通过人口疏解与功能完善等方式适度降低居住密度、优化配套服务设施、维护历史街区风貌的基础上，重点发展电子商务，向主题化、品牌化、体验化方向发展[15]。2020年，北京市提出《北京市推进全国文化中心建设中长期规划（2019年—2035年）》[16]战略部署，琉璃厂作为北京市未来重点打造的13片文化精华区之一，将被逐渐打造成更受游客喜爱的历史文化重点地区。

在景区规划的不断调整中，"互联网+"越来越成为琉璃厂经营规划的主要理念，既能防止过度商业化、向内激发老城文化活力，又能优化经营模式、向外拓展经济新业态。许多商铺开始将线上和实体经营相互结合。经过调研，发现琉璃厂商家在京东、淘宝、微店等主要电商平台入驻多以龙头企业为主。如荣宝斋、戴月轩等龙头企业同时入驻京东、淘宝等多个电商平台，主要商品为笔、墨、纸、砚、调色盘等文化用品，店铺关注人数较多，评价较好，且销售量规模较大；而如清秘阁、墨缘轩、

图二 琉璃厂现今位置图

安邦笔庄、金鹿四宝堂、徽宝堂等小型商家，都选择入驻资质审核较为宽松的淘宝平台，主要产品同样集中于基本文化用品，销售量较少。其中清秘阁在电商平台上的销售产品风格比较文艺，销售量较之其他小商家更高一些。

除店家自营入驻电商平台外，琉璃厂官方还打造了琉璃厂古玩艺术品交易网，此网站是基于琉璃厂文化街建立的线上古玩市场，致力于为收藏爱好者打造无障碍、无地域限制的网上古玩市场。2011年，交易网正式启动签约，清秘阁、汲古阁、一得阁等一批琉璃厂百年老店纷纷进驻。此外，该网站已被西城区政府列为西城区电子商务及基础设施提升计划重点支持项目，是西城区政府发展"高端、高效、高辐射"电子商务的首要支持对象。

（二）线上拍卖正流行

北京市政府引导琉璃厂进行规范拍卖，自2013年始，大栅栏琉璃厂精品交易文化季已成为区域内颇具影响力的节庆活动品牌，拉动区域经济和社会效益。2016年，大栅栏琉璃厂精品交易文化季借助移动互联网科技，首次实现线上线下同步拍卖，是一次"互联网+文化+金融"模式的全新实践。琉璃厂重点经营单位之一、荣宝斋旗下的荣宝拍卖行于2020年推出网络拍卖服务形式，当年的网络拍卖总成交量累计逾2亿。如今的荣宝拍卖行通过网络拍卖、"北京荣宝拍卖"小程序等渠道提供便捷流畅的服务体验，凭借其百年荣宝斋的金字招牌与一如既往严格把关的专业品质，受到了艺术品行业的广泛好评。琉璃厂东街的一位笔庄老板对荣宝拍卖行有一种格外浓厚的感情。在她看来，荣宝拍卖行不仅是一个企业，更承担了创收和传播文化的重要责任，她认为国家对文化产业日益重视，拍卖行业的发展前景势必越来越好，拍卖行甚至可以在日后作为一个历史文化教育基地，为历史学等专业的学生提供实践学习的机会。拍卖行的文化价值和社会责任成正比递增，前景亦是一片光明。

（三）产业之间黏性较强

裱画与书画经营相辅相成，是北京琉璃厂的经营亮点之一。书画专营店与兼营店均提供装裱服务，顾客也多愿意加钱进行装裱，使其所购书画艺术完整展现。且手工装裱字画程序复杂、耗时长，更加考验工匠的手艺与耐心。如何留住这些人才、使这门手艺持久地传承下去，是专营店与兼营店共同面临的难题。荣宝斋致力于装裱与修复人才的传承培养工作，力图解决装裱、修复技术的传承难题。荣宝斋修复中心不断吸纳新鲜人才，几名大专以上学历的青年加入装裱队伍，更通过内部安排职工子女就业等方式，延续了之前民国时期琉璃厂通过熟人介绍、同乡、保人、子女为徒的传承方式。荣宝斋装裱中心同时改变其营销策略，不仅踏实稳固促进装裱手艺传承，而且积极与荣宝斋其他部门，如木板水印车间、文化用品市场部、荣宝斋美术馆、荣宝斋画廊、荣宝斋出版社等单位开展合作，增添多种服务形式，加大其装裱业务的广告效应。同时，提高上门服务力度，荣宝斋装裱中心受邀赴大连为万达广场酒店装裱石齐巨画⑰，确保装裱业务焕发新的活力。私营作坊相对于荣宝斋而言，其人数较少，以家族式经营为主，装裱作为其兼营的一项，是在其售卖文房用品及传统字画的基础上开设的。故在兼营店铺中，装裱生意与书画经营之间有着更为密切的联系，往往是搭在一起进行销售的一条龙式服务，即在店内购买书画，同时可提供装裱服务；他们亦提供单独的装裱服务。

三、存在的问题

（一）商业拓展困难，线上经营不善

调查显示，琉璃厂商家入驻电商平台比率不超过30%，销售额主要集中在大牌商家，小品牌通过打造文艺特色产品也能吸引部分消费者，但受众始终较为局限。

官方运营的网站，产品覆盖范围仅为古董文玩，而基础的笔墨纸砚等产品则不包括在内，存在琉璃厂文化产品供应断裂、基础文化用品推广销售平台缺失、线上经营拓展较为困难等问题。造成这种现象的原因有二：其一，艺术品互联网传播交易的魅力归根结底在于艺术品的独特人文艺术属性，这与线上交易所体现的短平快是有所冲突的，商铺在进行网上经营时应注重体现学术价值，用学术引导市场，而非一味盲从；其二，无论是对荣宝斋这样的百年老字号，还是对个体经营的小商铺来说，开辟线上营销对人力、物力还有效率都是很大的损耗。宋女士在琉璃厂东街经营文房四宝多年，她的店铺近期营业额每况愈下，2020年突如其来的新冠肺炎疫情更是雪上加霜。为了扭转这种状况，宋女士也考虑过做互联网平台，开直播卖货。但是，一则笔墨纸砚并非生活必需品，直播卖货不是长久之计；二则开网店需要耗费大量的精力和时间，对宋女士来说，她既不会运营平台，也没有时间去管理，所以只好作罢。目前，像宋女士这样无法独立开辟网络经营渠道的琉璃厂街区商铺还有许多，亟须政府提供支撑与保障。

（二）线上拍卖发展不均衡

新冠肺炎疫情给艺术品市场造成不小的冲击，线下销售的中断无法保证公司运营现金流的持续流通，拍卖行业亟须将运营重心转到线上。纯线上拍卖虽然节省了租用场地的成本，但买卖双方都依赖线上平台进行交易，这对拍卖行网站的运营提出了更高的要求与更大的挑战。除去电子身份认证、交易信用、古玩玉石鉴定等必要的线上拍卖资质认可，现在的网站运营，如荣宝斋拍卖官网，更偏向于多点建设子平台形成"交易+内容+社区"、真实还原艺术品线上展出、私人拍卖与混合拍卖相结合等服务，不断优化客户的观赏及竞投体验。而琉璃厂拍卖，除荣宝斋等大型企业自己拥有独立拍卖网站，其余店铺多依赖于"琉璃厂古玩艺术品交易网"进

行运营。对比两家网站，后者的运营较为单调，拍品照片多展示一张、实物还原度较低，拍品链接多为不存在、影响交易体验，支付方式以银行卡在线支付为主、渠道扁平，拍卖专区仅能够为卖家提供宣传展示平台、缺乏买卖多方互动交流，无法激发买家更多的购买活力。

（三）裱画业作为附带行业，认可度不高

琉璃厂古玩艺术交易网为琉璃厂商家提供认证服务，旨在增加商号信誉度，促进交易。而实际上，这种认证发挥的效用十分有限。小微型店铺运营十分艰难。他们虽然手工装裱技术过硬、经验丰富，但装裱行业未被纳入北京市职称评审申报[18]，缺少较权威的认可凭证。在客源上，不如大企业可以取得与博物馆、学校等机构的固定合作机会，只能依靠散客为生；在品牌名气上，比不上荣宝斋、戴月轩这种大企业，只能靠薄利多销来提升营业业绩。因此在近年书画业与装裱业缩水的境况下，他们往往不能招揽到足量的客户，仅靠微薄的收入度日。只有在大型专营店缺人手时才能有机会帮忙。调研中，李店主表示，他在前不久刚刚帮助荣宝拍卖做了相应的装裱工作。在后续人才培养方面，虽然这些兼营店多以家庭为单位，但李店主坦言，他的子女对裱画并不感兴趣，他个人也希望子女可以考大学找份工作，而不是继续靠卖字画为生。宋女士在采访中也袒露了她来到琉璃厂工作的真正原因："我下岗了，没工作，正好我妈妈在这里开店，就过来帮忙了。"

四、琉璃厂发展规划

（一）发挥政府效能，规范行业管理

1.成立行业协会，规范入行机制

书画装裱业与顾客之间需要形成良好的信任关系与交易关系，不仅需要双方都遵守必要的道德底线与职业操守，更需要该行业规范其行业行为、促进行业正向

发展，杜绝因书画装裱业门槛低、良莠不齐而导致的口碑下降、顾客与装裱店双方不信任的现象。可以由政府部门牵头，龙头企业与琉璃厂60余家店铺共同商议，在咨询相关法律法规的同时，制定适合该行业的行为规范与营业准则；政府部门应严格审核装裱行业的注册机制，同时鼓励并扶持有信誉的私营店铺，维持常态的良性运转。

2.加强区域管理和公共配套设施建设

完善的公共设施建设是吸引游客的手段之一，因此，政府可以加大财政投入，对琉璃厂区域硬件设施进行整体规划建设，整修部分老旧房屋，提升琉璃厂街区形象，同时改造公共厕所，增设垃圾桶等，保持环境整洁卫生。

3.落实技能考核，建立等级评比

技术是行业的根本，考虑到琉璃厂主营的书画业与裱画业之间的高粘合度，政府更应对经营者实施多元化培训，提升业务水准。同时，有关部门可结合琉璃厂自身行业特色，开设相应专业技能比赛，制定评比细则，选拔高质量人才，加速优胜劣汰，促进行业健康发展。

(二)拓展运营空间，扩大客源市场

1.和学校合作，扩大客源市场

琉璃厂周围有北京市第四十三中学、北京师范大学附属中学等教育资源，在中央大力弘扬中华文化，强调文化自觉、文化自信的当下，相关政府部门可以进行牵头，建立以荣宝斋、戴月轩等琉璃厂龙头企业与各大高校人文社科类院系、中小学幼儿园的合作关系。面向各大高校的学生开设相应的实习岗位，既能使学生将理论与实

践紧密结合，又能潜移默化地激发学生对于琉璃厂及其文化的认同感，在密切交流中扩大琉璃厂在高校人文社科院系的影响力。面向中小学进行非遗传承项目宣传，进一步促使非遗传承项目走进校园，在学生动手参与的同时，注重对于琉璃厂历史文化的宣传，让学生做到玩中有学，学有所悟。

2.依托地缘优势，促进商圈联动

琉璃厂位于西城区，临近宣武门、和平门地铁站，交通十分便利（图三）。各大地铁站都有小范围地图指引和长期广告推广位，琉璃厂管理部门可与宣武门、和平门地铁站合作，在地铁地图上明确标示琉璃厂位置，并且利用广告位宣传自身历史文化，吸引游客。琉璃厂与杨梅竹斜街相接，可一路直通前门商业圈，有关部门可加强附近商圈联动，打造"天安门、前门—杨梅竹斜街—琉璃厂"一条龙式旅游规划路线，丰富旅游文化内涵，互利共赢。

3.开发专属网络运营平台

琉璃厂景区规划不断调整，目前商业的模式遇到瓶颈。荣宝斋、戴月轩等国营企业已经凭借技术、品牌及资金支撑站上互联网营销潮头，琉璃厂其余的散户经营群体却面临着较为尴尬的局面，虽有部分商家选择入驻电商平台，但经营不善、销

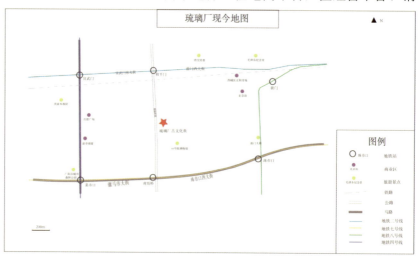

图三 琉璃厂周边位置示意图

售状况不佳。针对这种情况，琉璃厂有关部门可以对商家进行线上经营培训，扶持散户线上经营，学习借鉴"延吉西市场"的网络运营经验，在微信小程序、淘宝、京东等可靠渠道打造琉璃厂专属网络运营平台。专属网络门店可以整合琉璃厂文化资源，上至文玩古董，下至笔墨纸砚，拓宽商品受众群体，迎合消费者喜好，为消费者提供更便捷的服务，达到刺激消费者需求、扩大客源的目的。

（三）打造品牌效应，提升国际影响

1. 与国际接轨，增强对外影响力

琉璃厂人文资源丰富，文化底蕴深厚，这里的古玩字画、文房四宝不仅使国人着迷，也使许多国外游客流连忘返。但是，琉璃厂大部分店铺的营销主要集中于国内市场，国外市场资源还有待开发利用。琉璃厂应进一步整合资源，建设多语种国际化平台，拓展国际市场，增强国际影响力。

2. 发展文创产业，举办文化活动

从当下市场情况来看，书画行业仍相对小众。如何拉近传统文化与大众之间的距离，是当下琉璃厂各商铺亟待解决的问题。目前，荣宝斋等业内龙头已经借助文创产品打开了一条新通道，其他店铺也应当抓住这一机遇，引进文创人才，开发有特色、有内涵的文创产品，最终形成一条专属于琉璃厂的文创产业链，打造琉璃厂文创产品的品牌效应。同时，琉璃厂相关部门可以依托地域文化、非遗传承等人文

图四 琉璃厂文房四宝艺术节

资源，举办各类特色文化活动（图四），吸引更多年轻群体加入。

五、结语

综上所述，琉璃厂作为清朝颇为繁华的古玩商业名街，既是北京历史文化的见证者，又是当代北京的一张靓丽名片。但近年来琉璃厂的发展面临着不可小觑的困难，原有的商业模式陷入瓶颈，线上拍卖发展不均衡，商家尝试入驻电商平台，但碍于品牌知名度、产品内容等因素影响，经营状况不良。其文化遗产的继承与发扬同样面临困境。政府部门应积极响应国家大力弘扬中华传统文化的号召，重新唤醒人们对琉璃厂古文化街的关注，在保护琉璃厂传统文化的同时，充分利用琉璃厂地缘优势，挖掘符合新时代价值观的文化卖点，借助"互联网+"便利特性，积极推动琉璃厂店铺、特别是私营店铺更好地融入今日商业社会，促进琉璃厂商业的正态发展，同时也可为琉璃厂历史文化注入新的精神活力，促进大众文化自觉、文化自信。

①孙殿起：《琉璃厂小志》，上海书店出版社，2010年，第1页。

②模乾隆年间绘本，摘自孙殿起《琉璃厂小志》。

③孙殿起：《琉璃厂小志》，上海书店出版社，2010年，第1页。

④马建农：《北京琉璃厂的历史文化内涵》，《北京古都历史文化讲座》（第2辑），北京燕山出版社，2015年，第264页。

⑤马建农：《北京琉璃厂的历史文化内涵》，《北京古都历史文化讲座》（第2辑），北京燕山出版社，2015年，第265页。

⑥孙殿起：《琉璃厂小志》，上海书店出版社，2010年，第1页。

⑦孙殿起：《琉璃厂小志》，上海书店出版社，2010年，第3页。

⑧ ［韩］林基中编：《燕行录全集》卷五二，韩国东国大学出版社，2001年。

⑨孙殿起：《琉璃厂小志》，上海书店出版社，2010年，第13页。

⑩王小梅、刘洪升：《冀商的历史渊源与发展脉络》，《河北学刊》2008年第4期。

⑪ ［清］潘荣陛、［清］富察敦崇：《帝京岁时纪胜 燕京岁时记》，北京古籍出版社，1981年，第9页。

⑫孙殿起：《琉璃厂小志》，上海书店出版社，2010年，第14页。

⑬王冶秋：《琉璃厂史话》，生活·读书·新知三联书店，1963年，第59页。

⑭周岩、牟思崇：《北京古旧书业的变迁》，《出版发行研究》1987年第4期。

⑮《北京市西城区人民政府关于印发北京市西城区大栅栏琉璃厂历史街区保护管理办法（试行）的通知》，北京市人民政府官网，2013年7月23日。

⑯《北京市推进全国文化中心建设中长期规划（2019年—2035年）》，北京市人民政府官网，2020年4月9日。

⑰《装裱修复技艺》，荣宝斋官网，2016年12月9日。

⑱《北京市职称评审申报和证书服务咨询》，北京市人力资源和社会保障局官网，2020年3月26日。

（作者单位：中央民族大学）

从巨浪到怒潮

——以《海丰农民运动》管窥大革命时期农运著作

康乃瑶

北京市文物局图书资料中心所藏《海丰农民运动》，32开，为广东省农民协会编、彭湃著。封面、扉页有"施复亮""施存统"章。广州国光书店印刷，民国十五年（1926）十月出版，铅印本。每册二毫。

对《海丰农民运动》的研究，前人论著颇丰。如以此书考察彭湃的农民运动思想及彭湃对早期农民运动的贡献[①]；大革命时期中国共产党的农民问题主张、农民运动政治动员机制[②]；大革命时期农民运动与陈炯明之关系[③]；海丰农民运动与其他地区农民运动之比较[④]，等等。本文将从《海丰农民运动》一书的创作、出版及文本进入，试析《海丰农民运动》一书，作为大革命时期的重要农运著作，如何发挥其传播、教育之功能。

一、兴起：彭湃与《海丰农民运动》的写作背景

《海丰农民运动》的作者彭湃，是中国共产党最早进行农民运动的领导者，在中国农运史上具有数个重要建树。1922年7月，彭湃等人建立广东海陆丰第一个农会组织——六人农会，进而建立海丰县总农会、广东省农会。1924年4月，彭湃赴广州领导农民运动，创办农民运动讲习所。1927年11月，在海陆丰领导建立了海陆丰县苏维埃政权。1929年8月彭湃被捕，8月30日，在上海龙华就义，时年仅33岁。彭湃短暂而战斗的一生，为中国革命、中国农运斗争做出了不可磨灭的贡献。

彭湃撰写的《海丰农民运动》一书，是从事农民运动的必读书。于1923—1926年间陆续写成，"七五"农潮（1923年8月16日）后部分草稿被毁。其后，彭湃又重新展开写作，直至成书。彭湃写作此书并公之于众的目的有二：

第一，其时广东地区农民运动方兴未艾，广大民众对此尚无明确之了解，而运动蓬勃开展的形势，自然与地方军阀、官僚、地主、宗族等势力的利益相冲突，于是便有诸多责难与非议，一时间谣诼四起："海丰的绅士以为是将实行共产共妻了，大肆造谣，屡屡向陈炯明攻击我们"[⑤]。面对上述压力，彭湃写作此书的意愿尤为迫切，他正希望以报告的形式，将海丰农民运动的来龙去脉客观真实地公诸于世，以达到铿锵回击反动势力污蔑、为农民运动正名的目的。

第二，该书为传播农民运动经验，为其后广东，乃至各地广泛开展农运奠定了理论基础。1924年7月，广州农民运动讲习所于番禺学宫（今广州市越秀区中山四路42号）创建，彭湃出任该所第一、第五届的所长及教员。而《海丰农民运动》具有的农村经济调研、农运实践报告的性质，可称之为讲习所重要教材之一，使讲习所的学员了解旧中国农村的实际情况和农民运动的特点，为帮助学员毕业后在各地农村更有目的、更有策略地开展农民运

动，提供了可具参考价值的实践经验。

二、巨浪:《海丰农民运动》的出版及收录情况

（一）《海丰农民运动》与《海丰农民运动报告》

《海丰农民运动》的前身为《海丰农民运动报告》（以下简称《报告》）。《报告》以连载的形式，刊登于1926年《中国农民》刊物中。1926年9月，初次印行单行本。在广州出版，并作为广州农民运动讲习所教科书。

其后，由彭湃改动《报告》的部分章节、数字和增删某些内容，将本书更名为《海丰农民运动》，作为"广东省农民协会丛书之一种"，于1926年10月出版，周恩来同志为该书题书名，由时任中共广东区委书记的陈延年亲自校订，作为学习农民运动经验的重要参考。

由此可以说，《海丰农民运动》与《报告》两书书名虽有不同，但或可称为同一书的先后两个版本，即《海丰农民运动报告》为初版，《海丰农民运动》为增订版，也可以说，此后，这一论著以《海丰农民运动》之名，广为流传。

（二）《海丰农民运动》单行本与《中国农民》《农民问题丛刊》

《海丰农民运动》1926年10月第一版，为广州国光书店出版。国光书店是在大革命时期国共合作的条件下，由中共广东区委宣传部主办的进步书店。其工作范畴包括出版、发行、印刷、销售进步书刊，是中共中央机关《向导》周报的发行处之一。在全力完成中共广东区委宣传部交付的特殊任务之外，还印刷发行了大量的马列主义著作，诸如《共产党宣言》《列宁传》《马克思主义浅说》《俄国革命纪实》等上百种进步书报刊。这些进步书报刊的大量印行，对于马克思主义、社会主义、中国共产党的理论在南粤大地的广泛传播，起到了很大的促进作用。国光

书店经理黄国梁（1894—1927），1922年加入中国共产党，是广东省五华县第一位中共党员。

除单行本外，《海丰农民运动》亦属于大革命时期研究农村问题的重要刊物《中国农民》的一部分。《中国农民》[6]由中国国民党中央农民部主办，在当时可谓指导农运工作的一盏指路明灯，《海丰农民运动》连载于其中的第1、3、4、5期。

同时，1926年毛泽东在广州担任第六届农民运动讲习所所长期间，主编出版《农民问题丛刊》（以下简称《丛刊》）。《丛刊》搜集到了当时国内外有关农运的重要文献，农讲所教员对农民问题的专题研究，以及第六届农讲所学员的调查材料等。《丛刊》不仅是第一次国共合作时期宣传革命思想和指导全国农民运动的重要文献，而且是研究中国近代农民问题的宝贵资料。《海丰农民运动报告》被毛泽东选入《农民问题丛刊》第十九种，足见中国共产党人对此书的重视程度，及此书在大革命时期农运斗争中所占有的举足轻重的地位。

三、怒潮:《海丰农民运动》与省内外其他农民调查、农民运动论著

大革命时期，数位在广东地区策动农民运动的革命者，曾于广州农民运动讲习所任教，彭湃、萧楚女、阮啸仙便是其中的杰出人物。彭湃所著《海丰农民运动》与阮啸仙所著《惠阳县农民协会成立之经过》，是广东省内较为典型的以革命家参与领导的农民运动所在地为基础，对当地农村境况进行调研，并记述农民运动之经过的调查报告文本。两部作品均为正面宣传当地农民运动之目的而写作，亦是记述农运的一手资料。随后，以广东农民运动讲习所为基点，这两部作品也都成为宣传农民运动工作经验、将农运的火种向更大范围播撒的宣教材料。

以下，笔者将以《海丰农民运动》（以下简称《海》）与阮啸仙《惠阳县农民协会成立之经过》（以下简称《惠》）略作比较，考察其中几方面的差异。

首先，从两场农民运动兴起时间上来看：根据二书所记述，海丰农民运动早于惠阳县农民运动，"五月某日（笔者注：1921年）我即开始农民运动的运行""惠阳农民运动起于今年（笔者注：1926年）二月间"⑦，而比较二书对开展农民运动经过之描述，因海丰地区开展农民运动较早，其时进步意识、革命形势在当地未成潮流，海丰农运工作进展较之惠阳，更为艰苦。"起初只与少数人谈话，但愈听愈众，逐变成演讲的形式，农民听着都是半信半疑。是日与我谈话的有四五人，听我演讲的有十余人之多"⑧。可见，当时农运救济政策、行动方法仅以道旁街角，口口相传的形式，进行宣教。而在1926年的惠阳地区，革命者、进步人士前往宣教，多为有组织的形式："即调在农民部工作的同志秘密前往惠属平山、淡水活动""又选调同志多人偕同农民运动讲习所第三届东江籍学生十人，组织宣传队随军出发，担任宣传工作。此宣传队有随军到五华、紫金、龙川等县去组织农民协会的。惠阳农民协会即于此时乘军事胜利，由随军留下来的宣传队两位同志及二三个农所学生去宣传组织起来"⑨。因此，亦能面向更为广泛的群众进行进步宣教。

其次，论著写作框架上：《海》一文将当地农民状况置于全文最前，农运经过置于其后，具体为："第一章 海丰农民状况"，其中包含三节"第一节 海丰农民的政治地位""第二节 海丰农民的经济地位""第三节 海丰农民的文化状况"；第二章，具体记述海丰农民运动的经过，第一节为"农民运动的开始"，第二节为"六个人的团结与奋斗"，第三节为"由赤山农会至海丰总农会"；第三章，论述粮业维持会压迫农民及"七五"农潮始末。

而《惠》一文，则与上述相反，第一部分是第一至第七章，分别记述了1926年惠阳农民运动兴起直至惠阳县农民代表大会举办的全过程，具体为"农民运动之初起""农民运动取守势时期""农民运动复兴""筹备县农民协会经过""盛大的全县农民代表大会——镇压反革命派的农民示威""大会的决议及选举""大会的权威及影响"；第二部分，较为简略地介绍当地民生状况，共有第八、第九两章，分别为"惠阳经济调查""农民教育状况"；第十章，简述农会未来的各项举措。

比较两文写作框架，可见《海》文更倾向于以农民、农村调查为基础，揭露军阀横行、官僚腐败、民生日益凋敝的社会现状是革命者策动农民运动的根本动因，并吸引当地民众关注进而得到支持；而《惠》文中对当地进行的调研，仅为全文之补充。

再次，从农村调研内容上：二文都对当地的政治、经济状况进行调研，并以细节作为有效论据。如《海》文中记述："农民怕地主绅士和官府好像老鼠怕猫的样子，终日在地主的斗盖（地主向农民收租，自制一租斗盖，系极坚重的木，长约一尺七寸，大约一寸半径。如农民谷不好或短交，地主用斗盖打他，轻者出血，重者可以毙命），绅士的扇头和官府的锁链中呻吟过活"⑩。在《惠》文不多的调研介绍中，亦包含佃农捐税、借债、贫寒度日之苦："他们的生活非常艰苦，衣服不完，最好的如自耕农亦不过到了过新年的时候，做一件粗的粗布衫撑持下面子，居住多是几百年的颓墙破屋，还有编茅为屋……"⑪可见，阮啸仙与彭湃一样，对当地农民的生存境况进行了详细的调查。

最后，彭湃更多地关注了当地民风、宗教、会社等方面的状况，以及对农民工作开展的影响，如注意到当地清末三合会秘密结社盛行、发起暴动的传统，以及当地宗族间械斗之残忍景象："海丰前日各乡各姓有黑红旗之分别，时常发生械斗。械斗杀人是很厉害的，他的岳父或兄弟是黑旗，自己是红旗，也不客气把他杀死。⑫"彭湃在1926年出版的第9期《中国农民》上，刊登了名为《为第六届农民运动讲习所办理经过》的文章，第六部分"实际的农民问题研究"中讲到："为了帮助学员了解，农村社会农讲所成立了13个农民问题研究会，对36个项目进行了调查，由学员写出调查报告内容，包括民歌，成语，宗教之信仰状况等项。⑬"亦可见彭湃对于农民运动所做的背景调查，较为全面与翔实。

除广东本省以外，同一时期，省外亦有极有影响力的中国农民、农村问题调查报告、论述，如《中国农民》发表毛泽东《中国农民中各阶级的分析及其对土地革命的态度》、李大钊《土地与农民》等文。中央军事政治学校政治部出版了恽代英《中国国民党与农民运动》。而毛泽东此后所著《寻乌调查》《湖南农民运动考察报告》更是中国农运史中的典范之作。提出了"没有调查就没有发言权"的著名论断。

简略比较《湖南农民运动考察报告》与《海丰农民运动》，同为毛泽东、彭湃二位作者探索中国农民问题的理论成果和总结实践。首先，在回击反动势力对于农民运动的种种非议、责难，并反映农民运动的真实状况方面，具有相似的写作目的。其次，两文均体现出作者对农民问题的深刻关注，及对农运工作的丰富实践经验。此外，两文分别表达了二人关于农民运动与农民问题的基本观点、立场和方法。

同时，两文分别体现出毛泽东与彭湃作为中国共产党早期农民运动领导者的不同风格和特点：毛泽东在领导农民运动方面更善于理论分析和总结，彭湃则更善于实践开创。当然，《海丰农民运动》虽然在理论上不如《湖南农民运动考察报告》深刻鲜明，但此文（1926年10月）早于后者（1927年3月）近一年发表，其特点在

于文字精练、通俗易懂，它既是中国共产党第一篇系统的农民运动报告，又是农民运动工作者学习农民运动基本工作方法的典型案例与教科书，具有极强的实践与开创意义⑭。

四、余音：对其后农民运动及武装斗争的影响

《海丰农民运动》是海丰农民反抗暴政、追求解放的真实见证。阮啸仙曾经如此记述陈炯明主政广东时，当地的政治经济、民生状况：广东自陈炯明时代，海丰各方面与陈有亲属的，没有一个不是官僚政客，尽其剥夺的能力，例行苛捐杂税。此时海丰农民已受苦不堪。在十一年间，海丰农民已觉到自身之痛苦，同时得有许多同志之指导，于是团结起来，将陈贼之老巢打倒，动摇军阀的基础⑮。

借由广州农民运动讲习所的传播，彭湃等本地革命者的斗争经验，向省外扩散，渐成燎原之势。广西进步人士韦拔群，1925年初辗转多地后进入广东农民运动讲习所，接受马克思主义理论和进步农运策略。1925年4月，韦拔群由广州回到东兰，举办了第一期东兰农民运动讲习班。为右江农民运动掀起高潮培训了大批骨干，1926年1月起，韦拔群领导的右江农运斗争，成为广西农运的中心和中国农运的重要地区。同年12月5日，中共中央在给共产国际的报告中这样写到：韦同志在东兰已成了海陆丰之彭湃，极得农民信赖。

《海丰农民运动》也记载了彭湃在宣传进步思想的过程中，不拘泥于单一形式，贴近当地群众习俗、喜好的诚恳态度，如在龙王庙前因地制宜，抓紧时机与民众沟通；规避过于书面、晦涩的言辞，采用方言；设置留声机、表演魔术，吸引民众注意等。毛泽东在《农民问题丛刊》的序言中指出："这部书内关于广东的材料，占了八种，乃本书最精粹部分，他给了我们做农民运动的方法，许多人不懂得农民运动怎样去做，就请

细看这一部分"⑯。

自20世纪20年代初开始的广东地区农运及武装斗争，坚持不懈，虽历经磨难、艰难曲折，但为其后的革命斗争奠定了坚实基础。1929年10月，朱德率红四军进入梅州后，转战大埔、蕉岭、梅县、丰顺、五华等地，成立了东江革命委员会，并颁布《土地政纲》，推进了整个东江地区游击战争的深入开展，推动了苏维埃政权的建立，创建了粤东北苏区，为闽粤赣中央苏区连成一片发挥了重要作用。

瞿秋白在《湖南农民运动考察报告》所做序言中说："中国革命家都要代表三万万九千万农民说话做的事，到前线去战斗，毛泽东不过开始罢了。中国革命者个个都应当读一读毛泽东这本书，和读彭湃的海丰农民运动一样。⑰"由此可见彭湃这一著作在中国革命和农民运动中的重要地位与意义。

《海丰农民运动》是中国共产党早期农民运动实践的重要记述，同时也是早期左翼革命活动家深入田间，从学生、知识分子转变为实践者、推动者的历史见证。其田野调查所蕴含的丰富信息，亦对今天的学术调查、研究、工作有宝贵价值。

①祝彦：《彭湃对农民问题的认识与贡献》，《毛泽东思想研究》，2007年6期；孟育东：《广东省农民协会的创办及彭湃的贡献》，《广东社会主义学院学报》，2016年4期。

②王奇生：《革命的底层动员：中共早期农民运动的动员参与机制》，《中国近代乡村的危机与重建：革命、改良及其他》，中国社会科学院近现代史研究所会议论文集，2012年7月；郑向东：《中共早期农民问题的政治主张与海陆丰农民运动》，《党史文苑》，2017年18期；曹利芳：《大革命时期中国共产党农民政治动员研究——以广东省为考察中心》，中共广东省委党校硕士论文，2017年

③高原：《革命型乡村政治：广东农民运动及其社会历史背景（1922—1926）》，《开放时代》，2016年第2期；张丽红：《广东早期党团组织对陈炯明事变态度探析——兼论早期党团关系》，《广东党史与文献研究》，2016年11期。

④张贝：《广东马克思主义早期传播研究——以杨匏安、彭湃为个案》，广东海洋大学硕士论文，2018年；苗体君：《彭湃、方志敏农民运动实践之比较》，《广东省社会主义学院学报》，2017年3期；魏法谱：《海陆丰农民运动与衙前农民运动之研究——从比较学视角解读两个农会章程的内容意蕴》，《汕尾日报》2016年10月23日。

⑤彭湃：《海丰农民运动》，广州国光书店，1926年，第20页。

⑥《中国农民》于1926年1月创刊于广州，是大革命时期在中国共产党的领导下，以中国国民党中央执行委员会农民部名义印行的指导农民运动刊物，1926年出版10期后停刊。

⑦阮啸仙：《惠阳县农民协会成立之经过》，《阮啸仙文集》，广东人民出版社，1984年，第217页。

⑧彭湃：《海丰农民运动》，广州国光书店，1926年，第27页。

⑨阮啸仙：《在广东省农民协会欢迎省港罢工工友大会上的演说》，《阮啸仙文集》，广东人民出版社，1984年，第203页。

⑩彭湃：《海丰农民运动》，广州国光书店，1926年，第1页。

⑪阮啸仙：《惠阳县农民协会成立之经过》，《阮啸仙文集》，广东人民出版社，1984年，第231页。

⑫彭湃：《海丰农民运动》，广州国光书店，1926年，第44—45页。

⑬彭湃：《第六届农民运动讲习所办理经过》，《中国农民》第9期，1926年11月。

⑭邱德宇：《毛泽东〈湖南农民运动考察报告〉与彭湃〈海丰农民运动〉之比较研究》，《湘潭大学学报》，2017年3月，第41卷第2期。

⑮阮啸仙：《在广东省农民协会欢迎省港罢工工友大会上的演说》，《阮啸仙文集》，广东人民出版社，1984年，第202页。

⑯毛泽东主编：《农民问题丛刊》，中国国民党农民运动讲习所编印，1926年。

⑰瞿秋白：《瞿秋白为〈湖南农民运动考察报告〉写的序言》，《社会科学》，1979年03期。

（作者单位：北京市文物局综合事务中心）

北京市文物局图书资料中心馆藏《划时代的一二九》价值研究

张中仁

一、《划时代的一二九》的主要内容与研究现状

北京市文物局图书资料中心馆藏铅印本图书《划时代的一二九》是我中心收藏的珍贵抗战时期文物，存世稀少，经文物专家鉴定为二级文物。

（一）主要内容

《划时代的一二九》是1937年中共湖北省工委在武昌华中大学①举办"在武汉各界'一二·九'运动两周年纪念大会"活动的宣传册，主要目的是宣传全民族统一战线，建立广泛的青年救亡组织。全书内容主要记述了"一二·九"运动的亲历者、组织者在"一二·九"运动爆发两年来（从1935年12月至1937年12月）的所见所想，以慷慨昂扬、求真务实的态度再现了北平进步青年坚定理想、克服困难的斗争历程，号召读者在国家民族危亡之际必须要信念坚定地支持抗战，以实际行动踊跃加入全民族统一战线。图书主要内容共有三个部分，分为"划时代的一二九""一二九北平学运小史"和"一二九学运的检讨"，另有一序一跋。

我中心馆藏版本为繁体竖排土纸铅印1册，正文40页。封面和扉页缺失，包裹牛皮纸书皮。首页钤"人民出版社资料室图书"朱文方印、"北京市文物局藏书"朱文方印。第二页上方钤"新览图书馆"蓝圆章。尾页钤"人民出版社资料室图书"朱文方印、"已"朱墨阳文印、黑色墨水手书"#3229"。封底背面粘有"人

民出版社资料室图书组"借书卡和纸套。封底左下侧钤"中国书店1954年7月8日"朱文出售印鉴，"乙一"蓝圆章，手写标价0.20。根据全国图书馆参考咨询联盟的检索结果，本书仅馆藏于以下六家图书馆：成都图书馆、中共四川省委党校图书馆、中国社会科学院图书馆、南开大学图书馆、广东省立中山图书馆、吉林省图书馆。北京市文物局图书资料中心是本书目前可查的第七家馆藏机构。

版本方面，由于我中心藏版的封面页和版权页缺失，通过与全国图书馆参考咨询联盟书影痕迹比较（图一、图二），我中心藏本的第三、第四页页码，第五页右下方的竖排墨线痕迹一致且本书出版后没有再版，因此笔者推断本书为一九三七年出版，编者杨述，出版者为一二九纪念大会筹备会，实价国币一角（图三）。

保存状态。由于土纸容易酸化和保存条件受限，目前纸张脆化和变色较为严重，此外本书有一处贯穿全书的穿孔和油污（图四）。

（二）研究现状

二十世纪五六十年代，党和国家就曾专门组织人员编写"一二·九"运动的有关文献资料，其中最具代表性的是由共青团中央办公厅组织编写的《中国青年运动历史资料》第十三册和共青团中央组织编写的《中国青年运动史》，这些资料较为全面地概括了我国现代青年学生运动史的发展过程。改革开放以后，党和国家在原

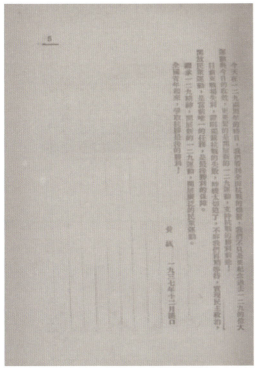

图一 全国图书馆参考咨询联盟书影

图三 图书版权页

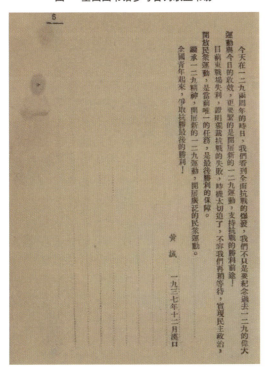

图二 北京市文物局图书资料中心藏本

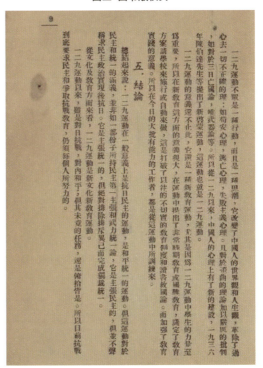

图四 污损页

有文献资料的基础上，尝试更大规模、更大范围地进行青年学生运动史料的编纂工作。二十世纪八十年代，人民出版社出版的中国现代革命史资料丛刊《一二九运动资料》第一辑、第二辑，是现今关于研究"一二·九"运动的权威文献资料。

"一二·九"运动的文献和历史研究属于中国青年运动史、共青团史、中国共产党党史相交叉的研究范畴，作为新民主主义时期的重要历史事件，"一二·九"运动的研究已经有较为丰富的研究成果[②]。本文的研究思路是以本中心藏品《划时代的一二九》为研究对象，通过将图书中记述的内容与权威学术资料、中共党史进行互证，注重使用包括历史档案等原始文献资料，并力图在综合各类文献研究的基础上，试图从原书作者的角度解读"一二·九"运动两年来青年学生运动的发展历程，以期彰显本册图书在"一二·九"运动史乃至青年学生运动史的史料价值。

二、《划时代的一二九》的成书背景

1935年12月9日发起的"一二·九"运动，公开揭露了日本帝国主义侵略中国、吞并华北的阴谋，打击了国民党政府的妥协投降政策，大大地促进了中国人民的觉醒。运动最开始在平津地区爆发，随后武汉的学生也响应号召，参加游行请愿的活动。当时武汉的共产党组织已遭受严重破坏，不具备全面组织学生运动的条件，在武汉的爱国学生和爱国青年为了挽救国家，唤醒民众全面抗日，在没有共产党组织领导的情况下组织游行，制作爱国救亡标语，学习关于"一二·九"运动的进步书刊，为下一步共产党在武汉重建党组织夯实了群众基础。

随着运动的开展，武汉请愿的学生队伍最多时多达数万人，并自发成立了"武汉中等以上学校全体学生救国联合会"（简称武汉学联）。武汉学联的成立是湖北省进步青年为了追赶全国范围的抗日救亡运动，其宗旨"唤起同胞，共挽存亡"，与1935年8月中共《为抗日救国告全体同胞书》即"八一宣言"号召全国人民团结起来，停止内战，抗日救国的宗旨基本相似，都是要唤起民众了解国家到了非抗战不可的地步。虽然国民党当局使尽各种手段破坏学运，强行解散了武汉学联，然而抗日救亡运动已成为不可抗拒的历史潮流[③]。

1936年以后，中共中央北方局派遣董毓华到武汉依托武汉学联的进步学生，建立了秘密学联、读书会等地下的抗日救亡的组织，秘密学联、读书会随着形势的发展，成为进步学生寻求真理，获得理想武器的重要场所。直到1937年七七事变后全国抗战爆发，第二次国共合作正式形成之前，武汉的党组织以学生进步组织为依托，培养了一批革命青年，为抗日救亡运动的进一步开展奠定了基础。

七七事变后抗战全面爆发，7月28日、30日北平天津相继沦陷，10月20日南京沦陷，国民政府和国民党的重要机构撤到武汉。

1937年9月中国共产党在武汉成立八路军办事处；同年12月设立中共中央长江局，周恩来、董必武、叶剑英等主要领导到达武汉，此时的武汉作为全国的政治中心，实际发挥着战时首都的作用。

由于平津的沦陷，中国共产党领导建立的"一二·九"运动中坚力量中华民族解放先锋队（简称民先队）和广大学生转移到武汉，成立了平津流亡同学会、民先队总部办事处等组织，领导武汉的革命青年和逃亡到武汉的外地青年开展抗日救亡运动。同时，由于全面抗战的爆发，中共中央北方局委派青委书记杨学诚以中共党员领导的平津流亡同学会和武汉的秘密学联为基础，筹建一个抗日民族统一战线形式的充分广泛的民众运动"青年救国团"。由此，杨学诚、黄诚和杨述等人筹办"武汉各界青年纪念'一·二九'两周年大会"，正式宣布成立青年救国团[④]。这本《划时代的一二九》就是在这次会议上产生的宣传册。

三、《划时代的一二九》的历史价值

全书以"一二·九"运动亲历者的视角，记述了"一二·九"运动两年来的发展历程。当民族危机空前时，青年学生运动往往是挽救危机的主角，但是学运的发展离不开中国共产党的正确领导，尤其是在社会形势出现改变、学运出现危机的时候。中共中央及时拨乱反正，指出学生运动的错误路线，指导正确的救亡路线，是学运得以发展的重要条件。该书作为大会宣传册，为了突出进步学生在救亡运动中的领导角色，特意减少了对中国共产党领导学运的描述，在决定学运命运的"三三一"抬棺游行事件的描述中体现最为明显。

"三三一"抬棺游行事件，起源于一九三六年一月二十八、二十九日，蒋介石密电秦德纯、宋哲元，要他们伙同学校当局"严格制裁"学生的爱国行动，取缔北平学联。日本当局对学生运动也感到"实可忧虑"，要国民党"用强辣手段弹压"。随后发生了国民党宪兵包围东北大学、军警包围清华园等事件，大肆搜捕北平学联的领袖和爱国青年⑤。对此，各校学生的应对方式逐渐激进，出现了打砸宪兵队汽车，与军警产生肢体冲突，扣留海淀区警察所官员的情况，最后由于被捕的爱国学生郭清在国民党监狱中经受严刑拷打而牺牲，使得北平学联在1936年3月31日为郭清的惨遭迫害举行了大范围的游行示威。此次游行的组织者是转入地下活动的北平学联，参与者均是学联的骨干成员，示威受到了国民党当局的强烈打压，许多学生干部被捕或被开除，使得学联力量遭到了重大损失。《划时代的一二九》书中"三三一—六一三"章节中记载"在三三一遭受了打击之后，学生运动到了异常艰苦的境遇，一般的同学感到爱国有罪，很多回到了课堂实验室里。而救亡学生，开始觉得过去行动的错误，深刻地了解到民族统一战线的意义，在过去还有不少的人认为中国民族革命运动中心口号是反帝反封建，到今天才知道中心口号只是抗日救亡，在抗日救亡的大前提下，不分阶级不分党派一致团结起来，于是学联为了自己的新生，特改名为"北平市学生救国联合会"（原名北平市学生联合会）。在这里，书中省略了当时党中央对于学生运动"左"倾错误的迅速反应和及时指导。

事实上，就在"三三一"事件于4月1日刊登在《大公报》的当天，刘少奇受党中央的指派，以中共中央代表的身份来到天津，主持北方局的工作。针对华北的学生运动形势，他明确地提出了要以防御为主，充分利用合法的形式去工作，以便使党的组织深入群众，长期隐蔽，积蓄力量，并随时输送自己的力量到广大农村，去组织群众，教育群众，逐步地推动革命形势的向前发展。刘少奇反复强调，正确贯彻党在白区工作的方针，党内的主要危险是关门主义与冒险主义，北平学生"三三一"抬棺游行就是这种危险的一种表现。运动以来，学生的爱国运动有了很大的发展，致使一部分同志滋长了骄傲自满情绪，使得本来已经在很大程度上克服了的关门主义和冒险主义又有了反复。这说明在党内完全肃清关门主义和冒险主义的错误倾向，是目前形势下的迫切需要。

刘少奇曾就"三三一"抬棺示威游行，在1936年4月5日写了《论北平学生纪念郭清烈士的行动——给北平同志的一封信》一文，指出：郭清在狱中被反动派摧残致死，广大群众对此很义愤，对郭清之死也很同情。可以用公开合法的形式召开追悼会，揭露国民党反动派残害青年学生的罪行，同时争取社会贤达、知名人士的同情和支持，争取群众，积极宣传党的"停止内战，一致对外"的政治主张。但是，由于采取了抬棺游行的方式，不仅不能达到团结群众、教育群众的目的，反而使不少同志遭到逮捕和更大的迫害。这一点印证于《划时代的一二九》23页对于"三三一"游行的记载："三三一事件代表[左倾]活动的高峰。那时许多学生身陷囹圄之中，遭受毒打虐待，中有十七中学生郭清，才十七岁，在狱中不堪各种惨刑，竟然惨死，这消息传出来，一些救亡的战友们，均悲痛万状，一定要为郭清复仇，郭清追悼大会在北大三院举行，举行后，决定抬空棺游行，此次游行，受到最严重的打击，有五十余人当场被捕，同学也不久即散……三三一事件加入的同学全数都是救亡干部，而不是北平一般学生的活动，这种过分左倾，冒险的行动，至此已达顶点。"

在领导群众斗争的方式方法上，刘少奇指出，要把领导群众的方式与领导党的方式严格区别开来，要根据当时当地的环境与条件，根据群众的觉悟程度，提出群众可以接受的口号、要求和斗争方式，去发动群众。要根据斗争过程中各种条件的变化，把群众的斗争逐渐提到更高的阶段，或者适可而止地暂时结束斗争。

同时，刘少奇还指出，在斗争策略上要充分利用敌人内部的矛盾，去推动和扩大这些矛盾，争取敌人阵营中可能与我们合作的成分，或者在当时并不是主要敌人的集团和派别，建立暂时的联盟，去反对主要敌人，以削弱敌人反对我们的总的力量，破坏敌人反对我们的联盟。为此，我们应该向那些愿意与我们合作的同盟者作必要的让步，以争取与他们的联合。刘少奇要求北方局党组织，在发扬和总结"一二·九"学生运动的基础上，要从思想上、组织上进一步加强对"民先队"的领导，利用一切抗日救亡团体，广泛地开展抗日民族统一战线，深入地动员广大青年到农村去，到抗日前线去，把反对内战、一致对外的抗日救亡运动推向全国，掀起新高潮。

刘少奇的这些指示，明确地指出了当前学生运动关门主义、冒险主义的错误，

指导北平学联对"三三一"游行进行深刻的反思，是在学运低潮时，给予学联组织的一剂强心针，使得学生运动的领导人重拾信心，重新开展联系社会各界的统一战线活动。

以上是《中国现代学生运动史长编》上记载的指示和反思，在本书"一二九学运的检讨"章节中就有所体现，其中对于"三三一"游行的反思如下，"我们那时不但是不同别人联络，而且有种天不怕地不怕的气概，对一切事情，不太顾及当前的阻碍究竟多大，也不太问干出事来对我们自身及整个运动有什么妨碍，大家以为自己是勇敢无畏的要拼命冲破一切阻碍，有危险也不要紧，无妨冒险去干，谁还怕挨打坐牢……学运的方式是各种各色的，示威反而害了学运，正是得不偿失，这样冒险的行为是不该有的，因为团体不是个人，做学运也并不是拼命不审慎周详，使一切都向于我们最有利的方向发展，是不行的"。（出自《划时代的一二九》38页）

同时，关于刘少奇指出的利用敌人内部矛盾，建立联盟，扩大统一战线去反对主要敌人，以削弱敌人反对我们的总的力量，破坏敌人反对我们的联盟。在检讨中也有体现"冀察当局并不是命定了必须卖国的，我们利用自己的力量推动他，不要随便给人说法，不要使任何有利于抗日的力量丢掉了，于是联合战线范围更广了，从'打倒卖国汉奸宋哲元'到'拥护二十九军保卫冀察，就表示对联合战线理解的进步'……在历次失败之后我们都懂了，单独的不行，联合的重要，别的人也可以抗日，这一点经验是宝贵的"。（出自《划时代的一二九》37页）

可见民先队和其他学运团体是充分地学习吸收了我党关于学运的指导思想，从侧面印证了本书的编辑是由于当前的政治形势原因没有体现出共产党领导学运的痕迹，对于研究当前时代背景下的统一战线组织具有重要的历史价值。

四、《划时代的一二九》的文献价值

本册图书由于是由"一二·九"运动的亲历者编著，因此记录"一二·九"发展历程中有很多细节的描写，并且将"一二·九"运动两年来的重要事件经过做了介绍，从本书"一二九北平学运小史"章节划分来看，具体为以下时间（见表一"北平学运小史"时间表）。

由此可见，本书以时间为脉络，较为严谨地记录了"一二·九"运动以来的北平学生运动概况。

此外，本书的开头有革命烈士黄诚于1937年12月在汉口为本次活动所做的序《写在划时代的一二九前面》。黄诚是清华大学的进步学生，自参加"一二·九"运动以来，担任着清华大学游行队伍总领队和北平市救国联合会主席。此外，在校期间他还与杨述等同学共同编辑进步杂志《东方既白》⑥。经过"一二·九"运动这场风暴的洗礼，他于1936年1月加入了中国共产主义青年团，同年4月转为中国共产党党员，在1936年的"六一三"示威中，与其他3名进步学生被学校开除。他曾发表《爱国犯的呼声》《我被开除的前后》等文章，使得社会各界对清华大学被国民政府强制开除学生的行为产生很大的反响。后来被调到新四军部，担任军政治部秘书长，在皖南事变中被捕，1942年4月经由蒋介石命令被杀害。黄诚正是经过"一二·九"运动的洗礼，逐渐认识并加入了中国共产党，成为追求真理、追求进步的青年典范。在他所作的序中，他细数"一二·九"运动两年来的成效，号召武汉的青年参与到统一战线的组织中来。

本书先后阐述"一二·九"运动的意义和"一二·九"运动的发展，引出新"一二·九"运动的概念，呼吁：1. 改革政治机构，实现民主政治；2. 开放民众运动，组织民众，武装民众；3. 改良人民生活为内容，倡议"武装保卫武汉"。结合当时八路军办事处设在武汉的时代背景，可以预见本次会议的目标不止是成立青年救国团，而且对于八路军及即将在武汉组建的新四军都有着重要的意义。

在本书的结尾，有杨述所作的跋，作于1937年12月4日，说明该书是由"一二·九"运动纪念大会筹备会（杨学

表一 "北平学运小史"时间表

标题名	二级标题	时间
一二九—三三一	一二九前夕	1935年11月27日
	一二九大请愿	1935年12月9日
	一二九归来，各校总罢课	1935年12月9日—1935年12月15日
	一二一六大示威	1935年12月16日
	南下扩大宣传团	1936年1月4日
	扩大宣传团到三三一抬棺游行	1936年1月15日—1936年3月31日
三三一——二二	三三一以后—六一三示威	1936年3月31日—1936年6月13日
一二二—五四	学运大分裂—学运的新转变	1936年12月12日—1937年5月4日
五四—七七	五四事件	1937年5月4日
	文化界纠纷	
	三中全会以后	1937年2月—
	七七的卢沟桥事变	1937年7月7日
七七—现在	七七—七二八	1937年7月7日—1937年7月28日
	七二八—流亡	1937年7月28日—
	天津会议—现在	—1937年12月9日

诚、黄诚等人）委托杨述编写的，可见该书创作和出版的时间非常紧迫。

杨述，也是清华大学参加"一二·九"运动的进步青年，1936年加入中国共产党[7]，曾参与《东方既白》《学联会报》的编辑工作，在1936年12月12日的"一二·一二"游行中，杨述曾指挥一辆小轿车，在车内沿着队伍派发传单[8]。在游行队伍中巧妙地躲避军警的围捕，完成了宣传任务。全面抗战爆发后，杨述从北平到武汉，再到延安从事青年工作，新中国成立后曾任共青团中央宣传部长，1980年去世。曾作《记一二九》《一二九运动简述》。

两位著名人物的参与更加突显了本书编撰的历史意义。该书同时记述了他们在抗战初期在武汉从事青年工作的情况，可以补充两位人物生平履历的相关研究史料。

五、《划时代的一二九》的收藏价值

本书除了铅印的文字之外，在首页有"人民出版社资料室图书"朱文方印、"北京市文物局藏书"朱文方印。第二页上方钤"新览园杂志"蓝圆章。

经过查阅相关资料，"人民出版社资料室图书"朱文方印是人民出版社在1950年末组建后，根据编辑业务需要设置的资料室。资料室根据人民出版社的出版方针任务和编辑部门的要求，积极采购订购马列主义经典著作、苏共重要文件、国际共运文献和哲学、社会科学各学科的重要学术书籍。为此，资料里奔走于新华书店、古旧书店、图书进出口公司和外文书店[9]。而封底左下侧钤"中国书店1954年7月8日"朱文出售印鉴，"乙一"蓝圆章，手写标价0.20，也同时印证了上述资料中的描述。经过推测，本书可能是20世纪50年代人民出版社资料室在中国书店选购的图书，并于1967年左右通过北京市文物局前身

"北京市文物管理处"和"北京市古书文物清理小组"传承至我单位入藏[10]。图书上的钤印和标签都是独一无二的印记，为本书增添了重要的收藏价值。此外，本书第二页上方钤"新览图书馆"蓝圆章由于模糊不清，无法考证。

综上所述，我中心馆藏《划时代的一二九》作为二级文物，具有重要的历史价值、文献价值和收藏价值，是研究"一二·九"运动历史的重要资料，传承保护好这些珍贵的文物是我们图书文物保管人员的责任。在今后的工作中，对于本书未竟的深入研究还将持续下去，谨以此献给中国共产党建党100周年，在庆祝建党百年的伟大历史中，我们将铭记曾有一批人，为了唤醒青年加入全民族统一战线而奋斗过。

---

①黄飞：《1919—1949：中国共产党与湖北青年运动研究》，华中师范大学，2014年博士学位论文。

②柳轶：《1919—1949年国民党对学生运动的控制研究》，人民日报出版社，2014年3月。

③中共武汉市委党史研究室：《中国共产党武汉历史》，2011年，第356页。

④徐永昭、陶茂盛：《抗日时期的青年救国团》，《历史教学》1984年第6期。

⑤于学仁：《中国现代学生运动史长编（上册）》，东北师范大学出版社，1988年，第404—412页。

⑥冯晓蔚：《黄诚：终生奋斗不止的不朽英烈》，《中华魂》，2019年第2期。

⑦王树人：《参加过"一二·九"运动的著名共产党人知多少》，《党史博采(纪实)》，2011年第12期。

⑧于学仁：《中国现代学生运动史长编（上册）》，东北师范大学出版社，1988年，第441页。

⑨张慎趋：《人民出版社资料室简述》，《出版史料》，2011年第5期。

⑩孙春华：《忆北京市文物局藏近现代新善本书刊文献的来历》，《北京文博文丛》2005年第4辑。

（作者单位：北京市文物局综合事务中心）

北京市文物局综合事务中心藏丁丑版《外国记者西北印象记》版本初探

张晶晶

1937年4月，以左翼民主人士、著名翻译家王福时为首的几位爱国青年，将斯诺（Edgar Snow）等外国记者对当时红区的报道整理出版，名为《外国记者西北印象记》（以下简称《印象记》）。主要内容为斯诺自1936年6月至10月在中国西北革命根据地进行采访所做的报道，包括毛泽东与斯诺多次谈话的全文，可以说是斯诺所著《西行漫记》的雏形。

《印象记》的主编王福时在《我陪海伦·斯诺访延安》（《百年潮》2002年第12期）中提到了《印象记》一书，在《1937年〈外国记者西北印象记〉翻译出版史话》（《出版史料》2006年第4期）中介绍了该书的出版经过；蒋建农《斯诺的陕北之行及其著作的流传》（《党史博览》2002年第12期）介绍了《印象记》的主要内容；魏龙泉在《〈外国记者西北印象记〉出版真相》（《百年潮》2004年第10期）中以安徽来安县干部张武藏《印象记》为引，对比了《印象记》与《西行漫记》的不同之处；孙成德在《它比〈西行漫记〉更早报道红色中国》（《纵横》2017年第6期）中也介绍了《印象记》的翻译始末。

本文对国内所藏《印象记》诸版本进行了梳理，着重对两个不同版本的《印象记》的传播范围作了简要推断；分析了《印象记》的成书背景和出版经过，对《印象记》与《西行漫记》不同的文章出处做了详细的考证；重点对1936年7月16日毛泽东与斯诺的谈话内容——《论日本帝国主义》一文进行比对，分析了《印象记》可以称为《西行漫记》雏形本的原因。

一、中心藏《印象记》的基本情况

书长18.5厘米，宽13厘米。平装竖排繁体字，共294页。封面上方题书名："外国记者西北印象记"，下方是一张"统一战线舞"照片，底部红边（图一）。扉页除蓝色书名外，还有横排文字三行："上海丁丑编译社出版，实价一元，1937"，上钤"北京市文物局藏书"阳文方章（图二）。扉页背面说明本书收录的内容："这本书是由散见英美报章和杂志的文章合译而成，其中包括美国记者施乐（Edgar Snow）的作品和韩蔚尔（Norman Hanwell）的作品多篇。前者文章发表在……后者文章则见……"另有译者之一的李放所写的序言三页。

全书主要分为七个部分，收录了美国记者施乐（斯诺）著《毛施会见记》《红党与西北》和《红旗下的中国》三篇文章；美国经济学家诺尔曼·韩蔚尔著《中国红军》《中国红军怎样建立苏区》和

图一 《印象记》封面

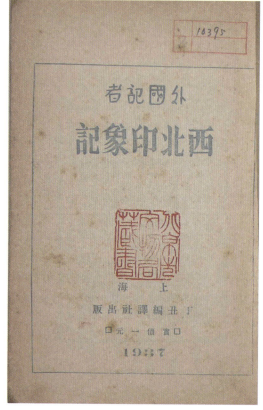

图二 《印象记》扉页

《在中国红区里》三篇文章；毛泽东与美国记者史沫特莱谈话的要点记录文章——《中日问题与西安事变》一篇。书后附有陈云同志化名廉臣所写的《随军西行见闻录》一文。书内附有照片30余幅，另附《中国人民大联合歌》《红军抗日先锋进行曲》《红军歌》等十首红军著名歌曲，另附内容详尽的红军长征路线图一张。封底为毛泽东所作红军长征诗《红军不怕远征难》一首。

二、《印象记》的版本研究及流传

根据蒋建农的研究，《印象记》流传较广的两个版本有1937年4月"上海丁丑编译社"本和1937年11月以"陕西人民出版社"名义印行的翻印本（简称丁丑版和陕西版）。《民国时期总书目》收录此书的后一个版本。"题为《西北印象记》（美）斯诺（原题：施乐）等著，陕西人民出版社1937年11月，封面书名为《外国记者西北印象记》"①。

笔者搜寻国内现藏《外国记者西北印象记》公开资料，整理如下：

1. 中国人民大学藏本

1937年，原题"人民出版社"。288页。无目录页、版本页。经行款对比，该藏本与我中心藏丁丑本排版一致，为同一版本（图三、图四）。

2. 北京大学图书馆藏本

1937年，无版本信息。通过比对目录，该版本与我中心藏上海丁丑编译社为同一版本。目录页钤"燕京大学图书馆藏"印章。

3. 广东省立中山图书馆藏本

1937年11月，陕西人民出版社。326页，有照片，书长19厘米。

4. 上海图书馆藏本

1937年11月，陕西人民出版社。326页，钤"上海基督教青年会战光团"印章。

毛施會見記　　六

自由的在各種部門上創造改革，一定會改善世界的經濟生活乃至文化水準，可是在過去，中國人民這種偉大的生產力，完全湮沒了，相反的，他們內受本國軍閥壓迫，外受帝國主義的侵略，特別是日本帝國主義。

當我們取得獨立以後，我們一定和許多友邦談判，互助，互利的相互協定，對日本帝國主義者我們祇有一個方法，那就是武力的抵抗，但對其他國家，我們準備進行廣義的合作，並且完全站在互相尊重的立場上。至於日本，我們祇能用民族革命戰爭的手段，取消一切不平等條約，沒收日本帝國主義在華財產，剷除日本在華的一切特權，租界及政治勢力。其中包括中國人民一致反對的何梅協定，「上海停戰協定」，「塘沽協定」，以及「防共協定」等等。

論到對待其他列強，我們共產黨在對日抗戰的過程中，所採的手段，決不絲毫影響中國的國際地位。

問：你們的政府是否承認外人在華的財產，那就是說是否歡迎外人投資？假如不能全部承認，而要承認的是那一類投資？而且在何種條件下，外商可以在華營業？

答：蘇維埃政府是歡迎外國投資的，在過去中國政府不能利用外資謀人民真正的福利，一切外資對民衆沒有絲毫的補益，祇有在中國獲得真正的獨立和民主以後，才能盡量的吸取大量的外資，來發展大規模的生產事業，也祇有一個真正自由的中國，才能利用這種切要的外資，

合法的外國投資，我們是承認的，我們要接受一切合法的外資來完成我們建設的計

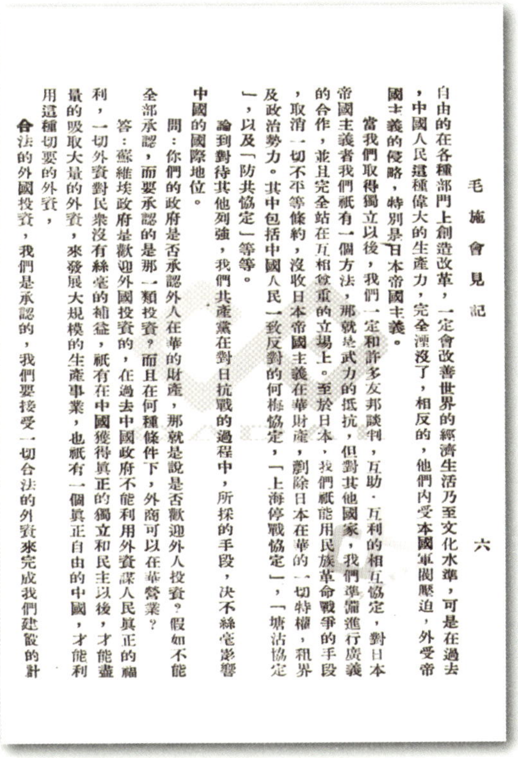

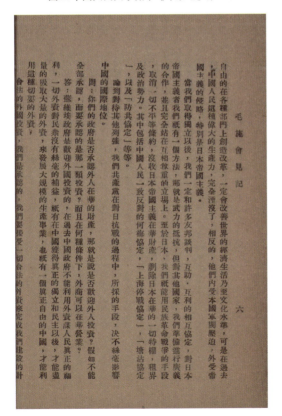

图三 中国人民大学藏本《印象记》第6页

毛施會見記　　六

自由的在各種部門上創造改革，一定會改善世界的經濟生活乃至文化水準，可是在過去，中國人民這種偉大的生產力，完全湮沒了，相反的，他們內受本國軍閥壓迫，外受帝國主義的侵略，特別是日本帝國主義。

當我們取得獨立以後，我們一定和許多友邦談判，互助，互利的相互協定，對日本帝國主義者我們祇有一個方法，那就是武力的抵抗，但對其他國家，我們準備進行廣義的合作，並且完全站在互相尊重的立場上。至於日本，我們祇能用民族革命戰爭的手段，取消一切不平等條約，沒收日本帝國主義在華財產，剷除日本在華的一切特權，租界及政治勢力。其中包括中國人民一致反對的何梅協定，「上海停戰協定」，「塘沽協定」，以及「防共協定」等等。

論到對待其他列強，我們共產黨在對日抗戰的過程中，所採的手段，決不絲毫影響中國的國際地位。

問：你們的政府是否承認外人在華的財產，那就是說是否歡迎外人投資？假如不能全部承認，而要承認的是那一類投資？而且在何種條件下，外商可以在華營業？

答：蘇維埃政府是歡迎外國投資的，在過去中國政府不能利用外資謀人民真正的福利，一切外資對民衆沒有絲毫的補益，祇有在中國獲得真正的獨立和民主以後，才能盡量的吸取大量的外資，來發展大規模的生產事業，也祇有一個真正自由的中國，才能利用這種切要的外資，

合法的外國投資，我們是承認的，我們要接受一切合法的外資來完成我們建設的計

图四 我中心藏本《印象记》第6页

5. 上海社会科学院图书馆藏本

1937年，陕西人民出版社。326页，书长19厘米。

6. 中国国家图书馆藏本

1937年，陕西人民出版社。藏品缺页较严重，缺目录页。共存57页，有照片，书长19厘米。首页为毛泽东照片。仅存中国红军、中国红军怎样建立苏区、随军西行见闻录几篇文章，有批校。

7. 吉林省图书馆藏本

1937年11月，陕西人民出版社。326页，有照片，书长20厘米。

8. 中国科学院国家科学图书馆藏本

1937年，陕西人民出版社。

9. 福建省档案馆藏本

1937年，陕西人民出版社。300多页，约16万字，曾藏福建同安县地下干部王曼克处。

10. 张武藏本

1937年，陕西人民出版社。300多页，约16万字，包括19张图片和10首歌曲，安徽来安县机关干部张武藏。

经过比对，两种版本的主要内容基本一致，只是排版和页数不同，个别字及译法有差别，丁丑版第二部分译为“红党与西北”，陕西版译为“共党与西北”；通过比对目录，我中心所藏丁丑版的照片有34幅，陕西版仅有19幅，陕西版比丁丑版所附照片相对模糊；陕西版书后无红军长征路线图，系为丁丑版的翻印本。在馆藏数量上，丁丑版现存较少，主要分布在北京地区，以高校为主，为初印本，十分珍贵。陕西版为1937年11月翻印本，传播范围较广，在北京、上海、广东、吉林、安徽、福建等地均有收藏。

三、《印象记》的成书背景、作者及编译者

（一）《印象记》的成书时代背景

《印象记》中所收录的文章发表时间在1936年至1937年初，当时正处于抗日战

争时期，日本侵略者在侵占东北后，加紧了对华北的争夺，无数中国人民投身抗日救亡运动。

1935年10月，中央红军长征到达陕北，党中央领导边区进行全面建设。随着陕北革命根据地的稳固，党中央积极通过各种渠道向外界宣传自己的纲领、路线和主张，一大批外国记者来到陕北参观访问，借助外国记者的力量，打破国民党的10年新闻封锁，向世界发出自己的声音，把中国革命的真相告诉给中国人民和全世界，取得了舆论优势，赢得了国际社会的了解和支持。

1936年上半年，党中央积极开展统一战线工作，5月，宋庆龄、章乃器等爱国人士发起成立全国各界救国联合会，主张"停止内战，一致抗日"。红军和东北军、第十七路军之间已经停止敌对行动。但蒋介石继续实行"攘外必先安内"政策。同年12月12日，爆发了西安事变。事变发生后，周恩来到达西安谈判，迫使蒋介石作出"停止剿共，联红抗日"的主张，西安事变得到和平解决。

（二）《印象记》的主要作者

1936年中国共产党设立"西北办事处"交际处，负责开展外事机构，接待外国友人。斯诺是第一位到访红色革命根据地的外国记者。他于1928年来到中国，在上海《密勒氏评论报》任助理编辑，后兼任纽约《太阳报》、伦敦《每日先驱报》的特约通讯员。1933年起在燕京大学教授新闻学。在中国期间，斯诺先后两次到陕北苏区，比较著名的是1936年6月至10月期间，斯诺在宋庆龄和张学良的帮助下，通过"王牧师"[②]（真名董健吾）与中共联系后来到陕西保安，采访了毛泽东、周恩来、朱德等中共领导人和普通的士兵、农民，还去了甘肃、宁夏等地采访。回到北平后，斯诺陆续将稿件发表在《密勒氏评论报》《大美晚报》《每日先驱报》《太阳报》上，并在北平的美国驻华使馆举行了记者招待会，向国际社会传播他所看见的真实的陕北。这是中共第一次通过非共产党的传播渠道向世界展现边区面貌。斯诺于1937年10月由英国戈兰茨出版社出版了轰动世界的《红星照耀中国》（即《西行漫记》）。

韩蔚尔（Norman Hanwell）是首位对川陕苏区进行深入考察的西方经济学者。他实地调查了四川红四方面军和川陕苏区的情况，对红军实力、苏区建设、土地政策和税收政策做了翔实的记录和报告。他以西方经济学者的视角，认为自红四方面军入川至1935年撤出两年多时间里，中共克服"民穷财尽"的实际困难，不仅在军事上取得胜利，而且在实行土地分配政策之外，对川陕苏区进行了文化、经济等全方位建设[③]

史沫特莱（Agnes Smedley）是第一位访问延安的外国女记者。1929年初，史沫特莱以《法兰克福日报》记者身份来到中国，并赴各地进行采访。1936年冬，她到达西安，准备去延安。恰逢西安事变爆发后国民党封锁消息，史沫特莱在西安无线电台将事变情况及时向上海的西方新闻媒体通报，成了相当一段时间里这一事件唯一的英文新闻来源。1937年2月，史沫特莱应邀到延安，采访了毛泽东、朱德、周恩来等人。她于1937年3月1日与毛泽东的谈话内容——《中日问题与西安事变》收录在本书中。

（三）《印象记》的编译者

当时参与《印象记》翻译工作的有王福时、郭达、李放、李华春。王福时是《印象记》的主编，是九三学社主要创始人之一的王卓然（1893—1975）之子。"九一八"事变后，王福时作为东北大学的流亡学生到燕京大学借读，1932年至1935年在清华大学社会学系就读，期间曾秘密编辑发行油印小报《公理报》，宣传抗日，宣传报道苏联的有关情况。

王福时和其父王卓然与斯诺夫妇在北平早就相熟。在斯诺的第一位夫人海伦给张学良的信中也提到："东北大学校长王卓然和他的儿子经常来到斯诺夫妇北平的居所。"王卓然是"民国时代东北重要的教育家,张学良将军的亲信幕僚,我国著名的爱国民主人士"④。他主持《外交月报》和《东方快报》的出版工作,这也给王福时能够主持编译并出版《印象记》提供了必要的前提条件,《王卓然史料集》中写到:"他支持其长子王福时等人翻译、出版美国记者斯诺的《西行漫记》最早的中文节译本《外国记者西北印象记》"⑤。

四、《印象记》的出版经过和内容研究

(一)出版经过

《印象记》一书从开始翻译到成书仅用了不到两个月的时间,当时国民党宪兵三团虽已撤出北平,但留下潜伏的特务活动仍很猖獗。在这样紧张的氛围和印刷物资匮乏的条件下,作为一本秘密出版的半地下出版物,本书翻译、排版印装的质量都相当不错。

主编王福时在《我陪海伦·斯诺访延安》一文中回忆:

1937年初,斯诺在北平寓所把刚写成的《红星照耀下的中国》英文打字稿交给了我,我意识到这部书对中国人民了解陕北边区和西安事变的重要性,立即约当时担任斯诺秘书的郭达和燕京大学学生李放合作,迅速将其译成中文,并在我的父亲王卓然主办的《东方快报》的帮助下,仅用了两个月的时间就在他的印刷厂赶印出来,用上海丁丑编译社的名义发行,书名为《外国记者西北印象记》⑥。

李放也曾提及《印象记》的翻译和写序的经过:

郭达同志翻译前半部分,李华春同志译一章,我翻译后半部分……工人们积极性很高。再经当时东方快报经理徐仲航同志的督促,工作进度很快。这个期间,我终日不外出,排出来的书稿,随到随

校。校完不等徒工来取,便直接将文稿送回工厂。头校、二校、三校几天几夜就完成了……全书本文印完后,我写了一篇文章,介绍这本书的内容和本书与抗日救国,救亡图存,中国要走那条正确道路的关系。我写完后,由王福时略加修改,便印出放在书前⑦。

当时海伦负责整理照片和撰写文字说明,《东方快报》的员工康德按照陕北带回的原图绘制出红军长征路线图,用黑红两色套印。照片则为虎坊桥附近一家印刷所制版。

为了保证此书可以在北平安全出版发行,编者们费心做了一些伪装。比如封面照片没用毛泽东或红军官兵的戎装照而是选用了红区少女们跳统一战线舞的照片,意在衬托这本书的主题"动员全中国人民来抗日"⑧,封面没有指明作者,书名也避开了当时比较敏感的"陕北""保安"的出现,而是用"外国记者西北印象记"这种比较文学性的书名。出版社也避开了北平,署名"上海丁丑编译社",而1937年正是丁丑年。

这本书初版只印了5000册,由李华春同志向北平的各大图书馆,各大学的图书馆和进步人士、团体分发,如北京大学、燕京大学、东北大学图书馆等。《印象记》印刷完成当月,王福时还作为海伦的义务翻译,到延安进行采访,借此将《印象记》当面呈送毛主席。后来,毛泽东在《论持久战》中摘引了《外国记者西北印象记》中"论日本帝国主义"中的部分内容并注明出处:"芦(卢)沟桥事变前十二个月,我同美国记者斯诺先生的谈话中,就已经一般地估计了中日战争的形势,并提出了争取胜利的各种方针,为备忘计(记),不妨抄录几段如下……('西北印象记'第一○—二四页)"⑨。

(二)主要内容

《印象记》的核心内容是斯诺自1936年6月至10月在中国西北革命根据地进行采

访所做的报道。与斯诺所著《红星照耀中国》中文版《西行漫记》不同的是，《印象记》首次发表了毛泽东和斯诺多次谈话的全文，还翻译了斯诺在北平的报告和演讲、美国经济学家韩蔚尔对四川红区的报道、毛泽东与史沫特莱关于"中日问题与西安事变"的谈话，书后附有陈云同志化名廉臣所著《随军西行见闻录》一文。

该书出版之时（1937年4月），正是在"西安事变"发生后和卢沟桥事变爆发前夕的重要时刻，出版时间比1937年10月英国戈兰茨出版社出版的《红星照耀中国》（RED STAR OVER CHINA）早6个月，比1938年2月以"复社"名义出版的中文版《西行漫记》早10个月。在复社版《西行漫记》的"译者附记"中也提到了此书的其中一个版本："原书的一部分材料作者曾经陆续在英美各种报纸杂志上发表……此外还有一部分材料登载在西北人民出版社编印的《西北印象记》。自然，这些已经译出的一小部分，并不是作者最后订正的定稿……"⑩

从内容来看，《印象记》仅包含了斯诺所著的《西行漫记》的一部分文章，即五十七节中的十三节，约占全书的五分之一。而在《印象记》中的斯诺作品，约有一半都不是《西行漫记》里面的内容。《毛施会见记》一节中仅《论日本帝国主义》一文收录在《西行漫记》中，其余"外交""论内政问题""特殊问题""论联合战线"的谈话，《西行漫记》均未收录。

对比《印象记》与《西行漫记》的《论日本帝国主义》这一文章，可发现诸多内容和段落上的不一致。对于这个问题笔者找到了一些线索。"1937年初，斯诺将自己发往英国《每日先驱报》、美国纽约《太阳报》和上海《大美晚报》等报刊的电讯报道原文提供给王福时"⑪。海伦在给王福时的信中也写到她将斯诺的访问稿寄给过上海的《大美晚报》和《密勒氏评论报》。其中在1936年11月14日和11月21日的《密勒氏评论报》（图五）上连续刊载了斯诺写的《论日本帝国主义》一文，题目为"Interviews With Mao tse-tung, Communist Leader"。在对比这三篇文章后发现，除了文章开头的叙述各有不同外，毛泽东与斯诺的访问部分，《印象记》和《密勒氏评论报》刊载的内容和段落上几乎完全一致，而《西行漫记》缺少了第2、第9、第13这几个段落，在第5、第15个问题中毛泽东的回答也有一定程度的增删。可以判

图五 《密勒氏评论报》（1936年11月14日）刊载《论日本帝国主义》一文

断《印象记》中《论日本帝国主义》一文是根据《密勒氏评论报》的英文稿件翻译而成的（表一）。而斯诺在之后撰写《西行漫记》的过程中对之前的稿件做了一定程度的调整。可以说，《印象记》是《西行漫记》的雏形本。

《印象记》收录的《中国红军》《中国红军怎样建立苏区》《在中国红区里》三篇文章，据王福时回忆是美国经济学家诺尔曼·韩蔚尔发表在《亚细亚》杂志上。韩蔚尔通过实地调查四川红四方面军和川陕苏区的情况，参考《国闻周报》有关的文章，围绕红军的实力、苏区的建立、土地政策和税收等问题撰写调查报告。这成为了解当时四川红区状况的重要史料。

《中日问题与西安事变》这篇文章也收录在《印象记》中，书中并未提及著者，只有"毛泽东与某外国某记者谈话"⑫的记录。现已得知该记者为美国女记者史沫特莱，采访日期为1937年3月1日。据王福时回忆，这篇谈话是斯诺转交给他的，并编入《印象记》中，但当时斯诺并未提及作者。斯诺的这份谈话记录则是毛泽东托人转交的。毛泽东于3月10日曾托人去信一封给斯诺："斯洛先生……我同史沫得列谈话，表示了我们政策的若干新的步骤，今托便人寄上一份，请收阅，并为宣播"⑬。这份谈话也刊登了1937年3月16日至4月3日（第338—343号）延安的《新中华报》上，题目是《中日问题与西安事变》，并署名史沫特莱（中文）。《印象记》中该篇内容除开头外，与《新中华报》上的谈话内容一致。

表一 1936年7月16日毛泽东与斯诺的谈话内容

出处 问题	《密勒氏评论报》Interviews With Mao Tse-tung,Communist Leader	《外国记者西北印象记》论抗日战争	《西行漫记》论日本帝国主义
开头	采访背景的介绍	一九三六年七月十六日，在保安	介绍了与毛泽东谈话的写作方式及现场翻译吴亮平的介绍
问题1	If Japan is defeated and driven from China…	如果日本军国主义战败……	假使日本打败了……
问题2	The Chinese Soviet government…	中国苏维埃政府……	无
问题3	Under what conditions can the Chinese people defeat and exhaust the forces of Japan?	在什么条件下中国人民能够战胜并消灭日本帝国主义的实力呢？	在这样的情形之下，你想中国人民是否能够打败而且肃清日本的武力呢？
问题4	How long do you think such a war would last?	你想这样战争要延长多久呢？（以下略）	你想这次战争要拖延多少的时候呢？（以下略）
问题5	毛泽东回答：共12段	毛泽东回答：共12段	毛泽东回答：共8段
问题6	基本相同		
问题7	基本相同		
问题8	基本相同		
问题9	与《印象记》基本相同	设若中日战争展开到很长的时期……承认日本统治东北？	无
问题10	基本相同		
问题11	基本相同		
问题12	基本相同		
问题13	与《印象记》基本相同	从事抗日战争，红军需要多大的根据地	无
问题14	基本相同		
问题15	毛主席回答：共9段	毛泽东回答：共9段	毛泽东回答：共11段
结尾	无结尾	无结尾	有结尾

可推断两者出自同一中文稿。此外，谈话还收录在1993年人民出版社出版发行的《毛泽东文集》中。

这篇谈话涉及1937年2月中旬召开的国民党三中全会以及2月2日发生的西安枪杀王以哲事件，毛主席对"西安事变"作了澄清和透彻分析，提出国共合作共赴国难的具体建议和所作出的让步，并预言对日作战之不可避免。谈话很好地补充了"西安事变"的相关内容。且能够收录在《印象记》中并迅速地在北平传播，对之后全面抗战具有指导意义。

《印象记》末尾收录的《随军西行见闻录》是第一部向世人介绍红军长征的文献，共有50页，写于1935年8月。该文最早于1936年春公开发表在法国巴黎华侨组织主办的巴黎《全民月刊》（第一卷第一二期合刊）上。陈云使用"廉臣"的笔名，以被红军俘虏的国民党随军医生的假托身份，叙述了红军从准备长征到出发，历尽千难万险到达四川与红四方面军会合的情况。1985年，《红旗》杂志公开发表该文时，"廉臣"的真实身份才得以大白于天下。

《印象记》所收《随军西行见闻录》与《全民月刊》上刊登的内容完全一致。据编者王福时回忆文章表明该文来源于巴黎《救国时报》，但也有说法是来源于巴黎《救国时报》所属的《全民月刊》。举凡官兵作风、风土人情、军民关系及目睹行军中的毛主席、周恩来和其他红军领袖，皆描述得绘声绘色，如陈云笔下的毛泽东"似乎一介书生，常衣灰布学生装，暇时手执唐诗，极善词令"[14]，成为了解长征的珍贵第一手资料。陈云的这篇长文是关于长征的重要记述，补充了《印象记》正文中关于长征的内容。

五、丁丑版《印象记》出版的意义

《外国记者西北印象记》能够顺利出版并传播具有十分深远和重要的意义。这是中国共产党在根据地稳固之后，打破国民党新闻封锁的重要尝试取得的成果之一。党中央邀请斯诺、史沫特莱等外国记者来到陕北，将共产党的纲领、主张和根据地的真实情况告诉了中国人民乃至全世界。

该书在北平第一版印了5000册，后又在陕西等地翻印，迅速传遍大江南北，国统区进步人士和爱国师生争相阅读。当时尽管在书名和封面上做了一定程度的伪装，但还是同"复社"出版的《西行漫记》、陕西人民出版社出版的陈云所著《红军长征随军西行见闻录》等进步刊物一起被国民党政府查禁[15]，侧面证明了此书的影响力，也可以看出当时的进步出版工作者在中国危亡的时刻积极从事抗日宣传、唤醒民众的决心。

《印象记》的出版正是在"西安事变"发生后和卢沟桥事变发生前夕，斯诺夫人写信给王福时，高度评价《印象记》的及时出版，说它"在中国有如闪电一击，使人们惊醒了"[16]。本书通过斯诺等外国记者客观公正的报道，披露了举世无双的红军两万五千里长征的真相，反映了当时陕北和四川红军根据地的真实情况，阐述了西安事变发生的原因、目的和实质，及时宣传了中国共产党抗日民族统一战线的英明主张。《印象记》能够及时而迅速地在北平传播，对于抗日战争全面爆发后，引导全民抗日起到了积极的作用。

---

①北京图书馆：《民国时期总书目（1911—1949）文学理论》，书目文献出版社，1992年，第102页。

②［美］爱特伽·斯诺著：《西行漫记》，复社出版社，1938年，第41页。

③张虹：《西方经济学者眼中的川陕苏区建设》，《党史研究与教学》2018年第1期。

④赵杰、王太学主编：《辽宁文史资料（总第36

辑）：王卓然史料集》，辽宁人民出版社，1992年，第3页。

⑤赵杰、王太学主编：《辽宁文史资料（总第36辑）：王卓然史料集》，辽宁人民出版社，1992年，第17页。

⑥⑯王福时：《我陪海伦·斯诺访延安》，《百年潮》2002年第12期。

⑦李放：《斯诺〈西北印象记〉翻译始末》，《沈阳日报》1978年7月17日。

⑧〔美〕斯诺等著：《外国记者西北印象记》，上海丁丑编译社，1937年，封背。

⑨毛泽东：《论持久战》，解放社，1938年，第8页。

⑩〔美〕爱特伽·斯诺著：《西行漫记》，复社出版社，1938年，第19页。

⑪孙成德：《它比〈西行漫记〉更早报道红色中国》，《纵横》2017年第6期。

⑫〔美〕斯诺等著：《外国记者西北印象记》，上海丁丑编译社，1937年，第229页。

⑬中共中央文献研究室：《毛泽东书信选集》，人民出版社，1983年，第100页。

⑭〔美〕斯诺等著：《外国记者西北印象记》，上海丁丑编译社，1937年，第244页。

⑮上海市出版工作者协会《出版史料》编辑组编辑：《出版史料（第4辑）》，学林出版社，1985年，第138—147页。

（作者单位：北京市文物局综合事务中心）

从《宣德彝器谱》等记载试析明清宣德炉的款式与功用

徐辉 罗颖 马嘉璇

在中华民族五千年文明的发展过程中，敬天法祖、除秽驱虫始终贯穿其中，对于承载香料的器具——香炉，铸造更是极尽考究，无论是汉代博山炉、唐代凤尾炉、宋代瓷炉还是明清宣德炉，都蕴含了丰富的文化内涵，特别是宣德炉不但具有独特的艺术魅力，更具有两个重要的功用：祭祀与焚香。

从《宣德彝器谱》（三卷谱）、《宣德鼎彝谱》（八卷谱）、《宣德彝器图谱》（廿卷谱）的记载不难看出，不同形制的宣德炉具有不同的含义，有其特定的摆放位置和适用人群，将不同形制的宣德炉放置在与之相对应的位置才能准确地表达其意义。因此，了解宣德炉的款式与功用就具有极其重要的意义。

一、"炉谱"真伪探究

虽然《宣炉汇释》《大明宣德炉总论》《金玉青烟——杨炳祯先生珍藏明清铜炉》等书籍都谈及了宣德炉的款式，但《宣德彝器谱》（三卷谱）、《宣德鼎彝谱》（八卷谱）、《宣德彝器图谱》（廿卷谱）是记载宣德炉款式与功用的最原始资料（为论述方便，下文将这三种资料简称为"炉谱"），所以论证其真伪是探究宣德炉不同功用的基础。

"炉谱"真伪问题一直是学者们长期讨论的话题。1936年法国汉学家保罗·希伯和详细地论证了《宣德彝器图谱》是后世伪作，根据希伯和的考证，最早提到"炉谱"的是清乾隆时期杭世骏编著的《道古堂文集》，《四库全书》总目中也提到了不同版本的《宣德彝器图谱》，19世纪"炉谱"被扩充至20章，廿卷本始见于《喜咏轩丛书》。《宣德彝器图谱》究竟是真实记录宣德三年（1428）铸炉详细经过的书籍，还是后世凭空想象的伪书？考证的过程中，不但要考虑古籍文献记录等方面的因素，还要分析其中记录宣德炉不同炉型适用人群、摆放位置及功用是否合理。

（一）《宣德鼎彝谱》（八卷谱）考证

"炉谱"是否最早成书于清乾隆年间？真实性是否有疑问？《四库全书》收录《宣德鼎彝谱》（八卷谱）时，已做过明确考证。《四库全书总目》明确记载，"炉谱"成书后，上贡给朝廷，只是为了呈给皇帝，不曾颁行于世，明正统年间礼部祠曹于谦才从吴诚那里得到副本，直到嘉靖年间才在世面上流传：

《宣德鼎彝谱》八卷谱，明宣德中礼部尚书吕震等奉敕编次。前有华盖殿大学士杨荣序，亦题奉敕恭撰。后有嘉靖甲午文彭跋，称出自于谦家。宣德中，有太监吴诚司铸冶之事，与吕震等汇着图谱，进呈尚方，世无传本。谦于正统中为礼部祠曹，从诚得副本，彭复从谦诸孙假归钞之。盖当时作此书，只以进御，未尝颁行，故嘉靖中，始流传于世也[①]。

这段记载可信度极高。一是《四库全书总目》明确指出《宣德鼎彝谱》八卷在当时"只以进御，未尝颁行"。二是该书成书于明宣德年间，正统年间"从诚得副本"，嘉靖年间流传于世。《宣德彝器图谱》（廿卷谱）记载："《宣德彝器图谱》，二十卷，出自于忠肃公家，公于正统二年为礼部祠曹"[②]，该记载也可佐证《宣德彝器图谱》于正统年间流传出宫廷，由此可见"炉谱"流传有序。三是宣德炉诞生之初，乃是由宣德皇帝亲自监督、把关铸造，宣德三年铸造的宣德炉也只是用于郊坛太庙、内廷及赏赐王府、两京文武衙门，其为皇家官造，其铸造法度、样式不可能在本朝流落民间。

（二）抄录者考证

《宣德鼎彝谱》（八卷谱）、《宣德彝器图谱》（廿卷谱）的作者吕震，字克声，临潼人，明初大臣，官至太子太保兼礼部尚书，卒于宣德元年（1426）四月，这也成为"炉谱"是伪书强有力的证据。但是成书最早的《宣德彝器谱》（三卷谱）作者为吕棠，"《宣德彝器谱·卷上》（三卷谱）明吕棠撰，工部尚书臣吕棠奉敕编次"[③]。吕棠，永乐十三年（1415）第二甲赐进士出身，供职于御用监，御用监正是负责烧铸宣德炉的部门。吕棠的生活轨迹、时间和供职部门都符合其抄录"炉谱"的要素，而《宣德鼎彝谱》（八卷谱）、《宣德彝器图谱》（廿卷谱）的成书时间晚于《宣德彝器谱》（三卷谱），将吕棠抄录为吕震的笔误可能性很大。据此，"炉谱"的抄录者为吕棠，而不是吕震，吕震不能成为证明炉谱是伪书的证据[④]。

（三）抄录时间与刊刻时间

明清两朝，成书后不能第一时间刊刻，甚至作者离世多年后由后人刊刻成册的情况并不鲜见，而且明清有部分抄本至今未曾刊刻。金西厓撰写的《竹刻小言》，就是在其去世后由王世襄整理出版。由此可见，"炉谱"虽经抄录，但本朝未刊刻是很可能的事情，况且"炉谱"不但记载宣德炉的铸造过程，还记录着大臣的奏折、皇帝的圣旨，这些都不是本朝能够抄录并刊印的，因此，抄录时间与刊刻时间不一致并不能作为"炉谱"是伪书的证据。另外，《道古堂文集》中有《书宣德彝器谱后》一文，也记载了"炉谱"抄录的经过，不能说明《道古堂文集》创作了"炉谱"，只能说明《道古堂文集》是较早出现"炉谱"相关记录的书籍。

（四）《宣炉汇释》对"炉谱"的考证

《宣炉汇释》第十篇"释谱录"也对《宣德彝器谱》（三卷谱）、《宣德鼎彝谱》（八卷谱）、《宣德彝器图谱》（廿卷谱）做了详细的考证。特别是对廿卷谱的考证中提到："嘉善曹理斋丈（秉章）藏有旧钞大本《宣德彝器图谱》二册，图式谱文与此本大致相同，惟不分卷数，图与谱各自为一册……书中宁贮等字，未避'宣文'二宗御讳，审为清楚时笔……此本抄写草率，其中颇有行次位置之遗失，文意字画之脱讹。[⑤]从这段记录可以看到"炉谱"经过多次传抄，同一卷谱出现了不同的版本，古籍善本在历代传抄过程中，出现增益、删减不是孤例，翻阅资料发现《宣德鼎彝谱》（八卷谱）翁树培清乾隆五十三年（1788）版与浙江鲍士恭家藏本（光绪癸未夏六月录珍版排印）就有部分出入，由此可以说明"炉谱"传抄的过程中或有笔误，或因好恶而有删减与增益，不能据此质疑炉谱的真伪。

综上所述，无论是传抄时间，抑或是吕棠、吕震，再或是忠肃公谥号等问题，都不能成为证明"炉谱"是伪书的强有力证据，针对希伯和提出的炉谱真伪问题，早在《宣德彝器图谱·跋》《宣炉汇释》等著作中都有提出并考证说明。《宣德彝器谱》（三卷谱）、《宣德鼎彝谱》（八卷谱）、《宣德彝器图谱》（廿卷谱）应是同一本书，传抄、校勘过程中因个人知识、喜好等原因而出现的不同版本，在流传的过程，因时代发展或有增益、删减、笔误，但其整体真实性毋庸置疑。

二、宣德炉款式与功用

宣德炉款式繁多，有仿三代古器，有仿唐天宝年间的铸冶局成品，有仿宋代"五谱"及五大名窑的作品，亦有各式花炉，款式不下百余种，而深得人们喜爱称道的却只有二三十种，大部分集中在簋式炉、鬲式炉、钵式炉、筒式炉等。宣德炉在铸造的过程中，按谱冶制，深具法度，各个款式的炉型都历经时间考验，为什么出现了喜爱称道与观感一般的上下品之分呢？这与其形制繁简、功用有密不可分的关联。

明清以降，"真宣"不断被仿制，但仿制宣德炉万变不离其宗，无论是用于祭祀宗庙、供奉神明，还是文人用于闻香悟道，形制都与"炉谱"一脉相承，其功用从民国《宣炉汇释》第二篇"释鼎彝"来看，依然延续了炉谱记载，由此可以推论，无论真宣与仿宣，其款式与功用随着时代的演变一直延续，未发生大的变化。那么宣德炉不同的款式是如何界定适用人群与摆放位置呢？

1. 双鱼耳炉：双鱼耳耳形与戟耳极为相似，两者的区别为戟耳下端不分叉，双鱼耳下端分叉，《宣炉汇释》解释为略似鱼形，在颈腹间左右各一故曰双（图一）。《宣德彝器图谱·卷七》（廿卷谱）记载："诸炉品式，当以鱼彝为最；盖鱼彝出自内府，官窑佳器，款式大雅，极为适用。"⑥《宣德彝器谱》（三卷

谱）："盖鱼耳之款，乃宋定款中上款，出之内府。"⑦在"炉谱"中双鱼耳与蚰蜒耳被称为诸炉之冠，此款式炉仿自宋代内府官定窑瓷器。

《宣德鼎彝谱》（八卷谱）载："端拱堂（皇上燕居密室）御几陈设双鱼耳彝（本色）……端拱堂西暖阁御几陈设双鱼耳彝（上下祥云）。"⑧《宣德彝器图谱》（廿卷谱）载："双鱼耳彝炉，乾清宫敬一堂东便殿，二座（内分覆祥云，一座；藏金纸色，一座）。西便殿二座……"⑨根据记载，明代宣德内廷将双鱼耳炉大多摆放在起居室，其器型典雅、玲珑，或取其鱼水之欢的寓意，或取其吉祥八宝之一的双鱼，有着复苏、永生、再生的寓意。

2. 蚰蜒耳炉：又称为蚰龙耳、鳅耳，在宣德炉中是最具代表性的炉型，耳弯如蚰，因而得名（图二）。《宣德彝器图谱》（廿卷谱）载："蚰龙耳，款出定窑，式最大雅，而炉口微浇薄，名灯草边，足近下稍飞出分许，更佳，当为诸炉之冠。"⑩该款式炉仿自宋代定窑瓷器，赞美其式最大雅，为诸炉之冠，由此可见"炉谱"对蚰蜒耳和双鱼耳的推崇。从传世明清铜炉来看，蚰龙耳簋式炉铸造数量可观，有重达十千克的，也有不足斤的，高度五至十厘米、重量一至两千克最常见，明清以来其造型变化不大，是宣德炉炉型上最为固定的⑪。

《宣德彝器谱》（三卷谱）记载："乾清宫玄默堂蚰龙耳大彝炉，一座，东便室西便室各一座。"⑫《宣德鼎彝谱》（八卷谱）："渊默堂，御几陈设蚰龙耳大彝炉……名涌祥云，款制极佳……渊默

图一　双鱼耳炉

图二　蚰蜒耳炉

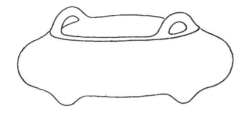

图三 冲天耳炉

堂西书房，御几陈设蚰龙耳大彝炉。"[13] 蚰龙耳炉器型圆润婉转，久观不厌，其潜龙之象、韬晦之志的寓意，不仅代表雅趣，更代表了人生态度和精神寄托，文人雅士将其摆放在书房，符合高士雅致的境界。从"炉谱"记载来看，此炉型必是宣德皇帝心爱的炉款，因而摆放在随时可以观赏、把玩的位置，书房御案、起居室这两处摆放蚰蜒耳香炉也就成为了顺理成章的事情。另据《宣炉汇释》"释闻见"："内坛郊社款蚰龙耳彝炉……此宫中道场醮坛所用品，更在御用之上。"[14] 蚰蜒耳炉在时代发展的过程中，成为了供奉所用的香炉炉型。

3. 冲天耳炉：又称朝天耳，是以宋代哥窑的双耳三足炉为蓝本铸造的（图三）。《宣德彝器图谱》（廿卷谱）记载："又冲天耳三足大乳炉，仿宋瓷冲天耳三足乳炉款式。"[15] 冲天耳炉在宣德炉中是最常见的器型，数量相对较多，从"炉谱"记载来看，凡冲天耳炉必对应三乳足，在清宫旧藏"故"字号宣德炉中，冲耳亦是对应三乳足，非清宫旧藏的"新"字号有例外[16]，由此看来，冲耳三足炉是中规中矩的经典款式。

《宣德彝器谱》（三卷谱）记载："乾清宫敬一堂 冲天耳三足乳炉，一座……将上等六十座，贮宝藏库，将二百四十座，分赐各王府。"[17]《宣德鼎彝谱》（八卷谱）记载："贞一斋（皇上书堂）御几陈设冲天耳三足大乳炉（本色覆祥云）。贞一斋东书房御几陈设冲天耳三足大乳炉（本色金带围）……贞一斋西香阁御几陈设冲天耳三足小乳炉（本色覆祥云）。"[18]《宣德彝器图谱》（廿卷谱）记载："右补铸五供养四号朝天耳三足小乳炉，照小乳炉款式减高至七分九厘……"[19] 冲天耳炉款式典雅，其形制简洁明雅，不附着，不赘饰，只是鼓腹巧耳的形状已足够大方明确，历来是信仰祭祀的精神承载，也是文人雅士书房必备的陈设器皿，所以庙堂香案、书房客厅均可摆放。

4. 桥耳炉：分为凤眼耳炉与虎眼耳炉，器形一般为唇口或直口，束颈，溜肩，扁圆腹，腹下三足，耳身扁平、两角微尖称为凤眼，耳身呈浑圆的椭圆状为虎眼，桥耳炉耳形似拱桥，有沟通、通达之意（图四）。《宣德彝器图谱》（廿卷谱）记载："右补铸桥耳三足大乳炉，照姜铸桥耳大乳炉款式。"[20] 姜铸应为南宋姜娘子制器，由此可知桥耳炉是仿南宋姜娘子制器而铸。

《宣德彝器谱》（三卷谱）记载："工部尚书一员，左侍郎一员，右侍郎一员，桥耳三足大乳炉，三座。"[21]《宣德鼎彝谱》（八卷谱）记载："国子监衙门（祭酒一员）敕赐桥耳炉（本色）。"[22]

据《宣德彝器谱》（三卷谱）记载，桥耳炉是御赐工部尚书与左右侍郎使用的炉型，工部掌管全国屯田、水利、土木、工程、交通运输、官办工业等，《宣德鼎彝谱》（八卷谱）记载桥耳炉是御赐国子监祭酒使用的炉型，国子监祭酒隶属于朝廷最高学府，主要任务是掌大学之法与教学考试，无论是工部还是国子监使用该炉，都有媒介、顺畅、通达之意。桥耳炉款式简洁明朗，与冲天耳炉器身极其相似，只有炉耳不同，放置在需要商谈、沟通的位置，更能体现其顺畅通达的内涵，所以议事、办公之处适合摆放桥耳炉。

5. 戟耳炉：因其炉耳如古代兵器戟的形状类似而得名（图五），炉耳分为出

图四 桥耳炉

图五 戟耳炉

头与不出头两种，《宣炉汇释》"释耳边口足"记载，其炉型仿自宋代官窑瓷器。《宣德彝器图谱》（廿卷谱）记载："右减样戟耳彝炉，照宋官窑减样戟耳彝炉款式……曰：'大明宣德年制'。"[23]

《宣德彝器谱》（三卷谱）记载："刑部尚书一员，左侍郎一员，右侍郎一员，渗金戟耳炉，三座。"[24]《宣德鼎彝谱》（八卷谱）记载："内府五祀司户之神（每岁孟春祭），供奉戟耳炉三座。"[25]《宣德彝器图谱》（廿卷谱）记载："渗金戟耳彝炉，敕赐刑部尚书左右侍郎共三员，各一座。"[26]戟作为兵器，逐渐实现了向礼器转化的过程，用于宣德炉炉耳，有刚正不阿、维护正义的寓意。随着时代的发展，戟与级谐音，在香道中，随着香烟的袅袅升起，就有了升级等美好寓意。

6. 压经炉：又称押经炉。据《沈氏宣炉小志》："名不可考，式扁浅，两耳有圈，三足列棋子状，俗指为焚香，可置佛经上，故称压经。"其炉型分为高脚和低脚（图六），据《宣德彝器图谱》（廿卷谱）记载，高脚压经炉模仿宋朝定窑款式铸造，低脚压经炉模仿元朝枢府窑款式。

《宣德彝器谱》（三卷谱）记载："旨，添铸释、道二教炉器四百件并杂款，未经铸造者，即补铸进上……补铸者，开列于后：大西天大宝法王座下高脚压经炉一百座，碁脚压经炉一百座……北京大报国寺高脚压经炉五十座，碁脚压经炉五十座……龙虎山真人府大高脚压经炉一百座，碁脚压经炉一百座。"[27]压经炉器型端正，似君子端坐，既可以用于释教，

又可以用于道教，该炉型历经时间考验，有利于参禅修炼、愉悦心情，充分体现出释道两教精神寄托，修禅悟道之志诚。

7. 钵盂炉：又称钵式炉（图七），分为兽首衔环、兽首、通体光素三种。钵盂是佛门独有器物，由印度随佛教传入汉地，初为化缘之用，后仿铸香炉。在佛教中，佛祖释迦牟尼手托钵盂，悲天悯人，普度众生，钵盂炉应是释教供器。《宣德彝器图谱》（廿卷谱）记载，其器型仿自宋代填漆大钵盂炉，是"炉谱"记载中唯一仿自漆器的炉型。"右大钵盂炉，照宋填漆大钵盂炉款式……炉底印款，楷书六字，曰：大明宣德年制。"[28]

《宣德彝器图谱》（廿卷谱）记载："宣德三年九月十三日，司礼监太监臣张斌，奉圣旨补铸给赐释道二教鼎炉事……大西天大宝法王座下、汉经厂宗泐禅师座下、番经厂巴喇法师座下、女官署习禅教净师、北京大报国寺、北京西山玉泉山、南京大报国寺，以上每处赐给大钵盂炉，二十座。中钵盂炉，二十座。大梵书炉，二十座。中梵书炉，二十座。高脚压经炉，二十座。低脚压经炉，二十座。"[29]钵盂炉初铸为宣德皇帝御赐释教名刹、大

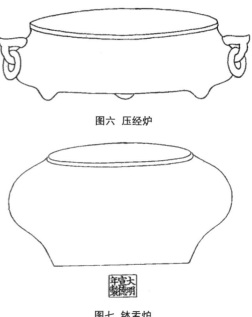

图六 压经炉

图七 钵盂炉

德使用，是典型的宗教供奉之炉。《沈氏宣炉小志》赞美钵盂炉："旧无此式，然静室几杖之旁置此，颇拟逃禅之意，以小而沉重，色斑驳者为贵，若白色晶莹若明珠，尤令人夺魄，俗以上下圆称者，名为'宝珠'。"[30]

8.法盏炉："炉谱"中将法盏炉分为雁翎法盏炉（图八）、悬珠法盏炉及连珠法盏炉。法盏是道教施法时所使用的法器，法盏炉应是道教案前供器，按照元朝枢府窑的款式铸造。《宣德鼎彝谱》（八卷谱）记载："赐内府道场及天下名山宫观雁翎法盏炉，仿元朝枢府窑款式……赐内府道场及天下名山宫观连珠法盏炉，仿元朝枢府窑款式。"[31]

《宣德彝器图谱》（廿卷谱）记载："宣德三年九月十三日，司礼监太监臣张斌，奉圣旨补铸给赐释道二教鼎炉事……女官署习道教法师、南京神乐观、江西广信府龙虎山正一真人、湖南襄阳府均州武当山太和宫、江南应天府句容县茅山乾符宫、江南扬州府紫极宫、江南苏州府玄妙观、江西南昌府铁柱宫、江西九江府庐山九天采访司庙，以上各处赐给高脚压经炉二十座，低脚压经炉二十座，雁翎法盏炉二十座，悬珠法盏炉二十座。"[32]据此可知，宣德皇帝将法盏炉赐给道教宫观及真人羽士使用。

9.朝冠耳炉：《宣德彝器图谱》（廿卷谱）记载，朝冠耳炉（图九）仿自元朝姜铸（图九），"右朝冠宫炉，照元朝姜铸朝冠炉款式。"[33]朝冠耳炉在元代已经相当盛行，明代景德镇出土瓷器，在宣德时期的地层中也发现了朝冠耳瓷炉。

《宣德彝器谱》（三卷谱）记载："另外再增加铸造朝冠耳马蹄炉，大、小二种一共四十座……贮藏在内藏库备用。"[34]《宣德彝器图谱》（廿卷谱）记载："朝冠宫炉，敕赐詹事府正詹一员，少詹一员。翰林院学士一员，侍读学士一员，侍讲学士二员，国子监祭酒一员，司业一员。以上共十员，炉十座。"[35]朝冠

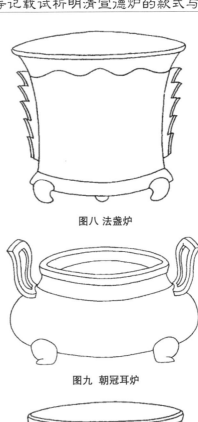

图八 法盏炉

图九 朝冠耳炉

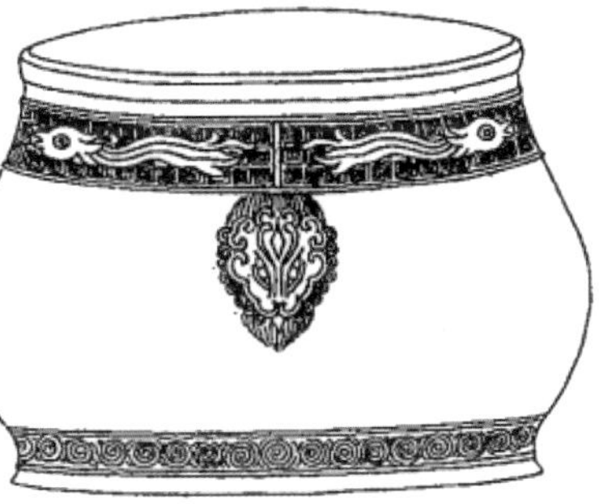

图十 天鸡耳炉

耳炉是宣德皇帝赐给詹事府、翰林院、国子监等十位主事的炉款，首先，詹事府、翰林院、国子监都是国家重要的文化部门，而且"朝冠"具有加官进爵的美好寓意。其次，从版书、绘画及宗庙来看，明清"五供"中的炉，款式为朝冠耳炉，可见随着时代发展、朝代更迭，朝冠耳炉的功用已延伸至宗教、祭祀。

10.天鸡耳炉：天鸡耳炉分为花边天鸡和天鸡马槽两种款式（图十），《宣德彝器图谱》（廿卷谱）记载："右天鸡锦边大彝炉，照宋定瓷天鸡锦边彝炉款式……右减轻中号天鸡锦边彝炉，照天

鸡锦边大彝炉款式减轻。"[36]《宣德鼎彝谱》（八卷谱）中记载为锦边天鸡彝，仿铸南宋姜娘子铸器。总体来说，花边天鸡耳炉的范本来自宋代瓷器。

《宣德彝器图谱》（廿卷谱）记载："天鸡锦边大彝炉。坤宁宫懿德殿（皇后御居），一座。坤宁宫懿德殿东西两椒房，各一座……张娘娘位下，十座。杨娘娘位下，十座。德安公主娘娘位下，十座。"[37]天鸡即凤鸟，南朝梁任昉《述异记》卷下："东南有桃都山，上有大树，名曰'桃都'，枝相去三千里。上有天鸡，日初出，照此木，天鸡则鸣，天下鸡皆随之鸣"。据"炉谱"及天鸡的神话寓意，花边天鸡耳炉适用于较为成功的女性。另有《沈氏宣炉小志》记载："（花边天鸡）铸法极工，用充闺阁熏香之具，旧者纹路精致，印地光滑，存起旧可也。"[38]由此可见，花边天鸡耳炉逐渐演变为女性闺房适用的炉型。

《宣德彝器谱》（三卷谱）记载："兵部尚书一员，左侍郎一员，右侍郎一员，大天鸡马蹄炉，三座……赤金流天鸡耳，炉本色枣红，用赤金一两二钱……"[39]，根据"炉谱"记载和"天鸡则鸣，天下鸡皆随之鸣"的神话寓意，天鸡马槽炉适用于带兵的将领，可以引申为各行业的领军者。

11.台几炉：形状似台几案，平口，方足，体型优美，线条流畅婉转，雅致大方（图十一）。《宣德彝器图谱》（廿卷谱）记载："右台几炉，照唐天宝局铸台几炉款式……本身藏金纸色，不施金彩，炉底长方印款，楷书六字，曰：大明宣德年制。加铸者，本身黄带白色。右减样台几炉，照宋定窑台几炉款式……本身藏金纸色，不施金彩，炉底长方印款，楷书六字，曰：大明宣德年制。加铸者，本身杏黄带黑色。"[40]从记载来看，台几炉非臆造而是有所本，其炉型至晚唐代已经出现，台几式宣德炉或仿唐或仿宋，款式一直延续至今，一脉贯穿，款识大都为炉底

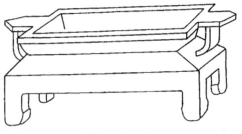

图十一 台几炉

六字楷书"大明宣德年制"。

《宣德鼎彝谱》（八卷谱）记载："詹事府衙门（正詹一员，少詹一员），敕赐台几炉（本色商金）。"[41]《宣德彝器谱》（三卷谱）记载："补铸堂几炉，大、小二十座……蜡茶、藏经、棠梨三色，底有小字款，进入内藏库备用。"[42]《宣德彝器图谱》（廿卷谱）记载："台几炉，敕赐九卿科道衙门（共十所），炉二十二座（内分赐炉各官列后）。通政司正卿一员、少卿一员，大理寺正卿一员、少卿一员，太常寺正卿一员、少卿一员，光禄寺正卿一员、少卿一员，太仆寺正卿一员、少卿一员，鸿胪寺正卿一员、少卿一员，尚宝寺正卿一员、少卿一员，吏、户、礼、兵、刑、工科掌印都给事中，共六员。"[43]关于台几炉的记载，《宣德彝器谱》（三卷谱）记载内藏库备用，《宣德鼎彝谱》（八卷谱）记载赏赐詹事府，詹事府是掌管皇后、太子家族（东宫）事务的机构，记载内容相对一致；《宣德彝器图谱》（廿卷谱）记载为敕赐九卿科道衙门，九卿是中国古代中央部分行政长官的总称，特别是《宣德彝器图谱》（廿卷谱）中九卿官职对应的记录，与清代九卿官职相符，应是根据时代的发展对《宣德彝器谱》（三卷谱）、《宣德鼎彝谱》（八卷谱）进行了引申与扩充。总体来说，无论是内藏库备用、敕赐詹事府，抑或是敕赐九卿科道衙门，台几炉的等级都很高，其器型肃穆规矩、文雅陈静，除厨厕、起居室、神案祭祀外，适用于一切场合。

12.狮耳炉：炉型仿自《绍兴鉴古图》与哥窑（图十二）。《宣德鼎彝谱》（八卷谱）："中溜之神，供奉狮首三元

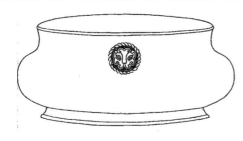

图十二　狮耳炉

炉一座，仿《绍兴鉴古图》式。"㊹《宣德彝器图谱》（廿卷谱）："右狮首大彝炉，照哥窑狮首大彝炉款式。"㊺

《宣德鼎彝谱》（八卷谱）记载："兵部衙门（尚书一员，侍郎二员）敕赐狮首大彝炉（本色商金）。"㊻《宣德鼎彝谱》（八卷谱）记载："兵部衙门三员，赐狮首大彝炉三座。仿官窑款式……棠梨本色，惟狮首钮以赤金。臣等谨按：《兽经》云：'狮乃百兽之王，每一振发，虎豹慑服'。大司马，职专征伐，统帅六师，为国家鹰扬之任，雄武莫当，与狮合德，饰器赐之宜矣。"㊼

狮子在我国是地道的舶来品，自汉以降，狮子威猛的气质，逐渐丰富了人们精神、物质、艺术世界，在古代帝王宫殿前代表忠诚守卫、陵寝前代表祥瑞、官衙前代表刚正不阿、佛教世界里代表护法，与宣德炉完美的结合，既体现了狮耳炉的威武雄壮之势，又体现了怒目卫道之威。

因文章篇幅限制，不能对所有宣德炉的款式与功用进行考证与分析，但总的来说，宣德炉自诞生之日就不断被仿制，从其最初祭祀与焚香并重，逐渐发展演变为祭祀功用越来越弱化，欣赏与熏香的功用越来越凸显。乳炉、蚰蜒耳、冲天耳等炉款因其样式质朴素雅，线条优美，风格简练，历朝历代都受到文人雅士的喜爱，但也有部分炉型因时代的变迁，由俗变雅，或者由雅变俗，如双鱼耳炉在《沈氏宣炉小志》中被称为次品，刘侗《帝都景物略》中把象头鬲、判官耳、鸡腿脚扁炉、翻环、竹节、索耳、分档、法盏等列为下品㊽；如竹节炉，因有节节高升的寓意，又

有文人喜爱的风骨情怀，其积极向上、富有吉兆的象征，越来越受到人们的喜爱。

三、结语

自晚明以来，文人雅士不断参与到宣德炉的仿制活动中，仿宣的雅致感愈盛，越来越多的炉型用于焚香，根据"炉谱"记载，部分款式有其特殊使用场合和摆放位置，若放置在其他位置就有焚琴煮鹤之嫌，如深腹鼎，《宣德鼎彝谱》（八卷谱）记载其功用是供皇上御厕雕楚中焚香之用；橘囊炉的功用是以供皇上进柑御筵之用，适用于宴席饭桌㊾。

"炉谱"记载的宣德炉款式不下百种，各种炉型都有具体的摆放位置、适用场合和皇帝赏赐的不同人群。大抵来说，宣德炉中仿自唐朝天宝年间铸冶局、宋代《祥符礼器图》《宣和博古图》《考古图》《绍兴鉴古图》及五大名窑的样式，线条流畅、精巧雅致；仿自商周青铜器的样式，多凝练古朴、端庄大气。

《沈氏宣炉小志》中提到，书斋清玩与庙堂之器不同，庙堂壮观瞻，故尚大器，如宝鼎、钟彝之类是也；书斋焚香，以口径三寸乳炉、石榴足、戟耳各种小彝炉为合适。无论时代如何发展，无论喜爱与厌恶不同的心境，在宣德炉的选用时，都需要关注其适用对象及其含义，才能够准确地表达虔诚的心情。

文中图片来源于《宣德彝器图谱》（廿卷谱）

---

①陈庆鸿：《大明宣德炉总论》附录一《宣德鼎彝谱》（八卷谱），中国台湾巨光出版社，1996年，第207页。

②陈庆鸿：《大明宣德炉总论》附录五《宣德彝器图谱》（廿卷谱），中国台湾巨光出版社，1996年，第287页。

③〔明〕吕棠：《宣德彝器谱》（三卷）上卷，抄本，国家图书馆馆藏，图书编号：古391.127353.1。

④陈维骏：《异云：明清宣德炉集珍》，*Art Media Resources*，2016年，第34页。

⑤陈庆鸿：《大明宣德炉总论》附录十一《宣炉汇释》，中国台湾巨光出版社，1996年，第419页。

⑥〔明〕吕震：《宣德彝器图谱》（二十卷）卷七，抄本，国家图书馆馆藏，善本书号：05163。

⑦〔明〕吕棠：《宣德彝器谱》（三卷）中卷，抄本，国家图书馆馆藏，图书编号：古391.127353.1。

⑧〔明〕吕震：《宣德鼎彝谱》（八卷）卷四，抄本，国家图书馆馆藏，善本书号：08193，翁树培清乾隆五十三年。

⑨〔明〕吕震：《宣德彝器图谱》（二十卷）卷七，抄本，国家图书馆馆藏，善本书号：05163。

⑩〔明〕吕震：《宣德彝器图谱》（二十卷）卷五，抄本，国家图书馆馆藏，善本书号：05163。

⑪台湾历史博物馆编辑委员会编著：《金玉青烟——杨炳祯先生珍藏明清铜炉》，台湾历史博物馆，1996年，第49页。

⑫〔明〕吕棠：《宣德彝器谱》（三卷）中卷，抄本，国家图书馆馆藏，图书编号：古391.127353.1。

⑬〔明〕吕震：《宣德鼎彝谱》（八卷）卷七，抄本，国家图书馆馆藏，善本书号：08193，翁树培清乾隆五十三年。

⑭陈庆鸿：《大明宣德炉总论》附录十一《宣炉汇释》，中国台湾巨光出版社，1996年，第421页。

⑮〔明〕吕震：《宣德彝器图谱》（二十卷）卷六，抄本，国家图书馆馆藏，善本书号：05163。

⑯故宫博物院编：《故宫宣铜器图典》，故宫出版社，2020年，第30页。

⑰〔明〕吕棠：《宣德彝器谱》（三卷）上卷，抄本，国家图书馆馆藏，图书编号：古391.127353.1。

⑱〔明〕吕震：《宣德鼎彝谱》（八卷）卷四，抄本，国家图书馆馆藏，善本书号：08193，翁树培清乾隆五十三年。

⑲⑳〔明〕吕震：《宣德彝器图谱》（二十卷）卷十八，抄本，国家图书馆馆藏，善本书号：05163。

㉑〔明〕吕棠：《宣德彝器谱》（三卷）下卷，抄本，国家图书馆馆藏，图书编号：古391.127353.1。

㉒〔明〕吕震：《宣德鼎彝谱》（八卷）卷五，抄本，国家图书馆馆藏，善本书号：08193，翁树培清乾隆五十三年。

㉓〔明〕吕震：《宣德彝器图谱》（二十卷）卷十三，抄本，国家图书馆馆藏，善本书号：05163。

㉔〔明〕吕棠：《宣德彝器谱》（三卷）下卷，抄本，国家图书馆馆藏，图书编号：古391.127353.1。

㉕〔明〕吕震：《宣德鼎彝谱》（八卷）卷四，抄本，国家图书馆馆藏，善本书号：08193，翁树培清乾隆五十三年。

㉖〔明〕吕震：《宣德彝器图谱》（二十卷）卷十三，抄本，国家图书馆馆藏，善本书号：05163。

㉗〔明〕吕棠：《宣德彝器谱》（三卷）下卷，抄本，国家图书馆馆藏，图书编号：古391.127353.1。

㉘㉙〔明〕吕震：《宣德彝器图谱》（二十卷）卷十七，抄本，国家图书馆馆藏，善本书号：05163。

㉚陈庆鸿：《大明宣德炉总论》附录七《沈氏宣炉小志》，中国台湾巨光出版社，1996年，第374页。

㉛〔明〕吕震：《宣德鼎彝谱》（八卷）卷八，抄本，国家图书馆馆藏，善本书号：08193，翁树培清乾隆53年。

㉜〔明〕吕震：《宣德彝器图谱》（二十卷）卷十七，抄本，国家图书馆馆藏，善本书号：05163。

㉝〔明〕吕震：《宣德彝器图谱》（二十卷）卷十四，抄本，国家图书馆馆藏，善本书号：05163。

㉞〔明〕吕棠：《宣德彝器谱》（三卷）下卷，抄本，国家图书馆馆藏，图书编号：古391.127353.1。

㉟〔明〕吕震：《宣德彝器图谱》（二十卷）卷十四，抄本，国家图书馆馆藏，善本书号：05163。

㊱〔明〕吕震：《宣德彝器图谱》（二十卷）卷十，抄本，国家图书馆馆藏，善本书号：05163。

㊲〔明〕吕震：《宣德彝器图谱》（二十卷）卷

十，抄本，国家图书馆馆藏，善本书号：05163。

㊳陈庆鸿：《大明宣德炉总论》附录七《沈氏宣炉小志》，中国台湾巨光出版社，1996年，第374页。

㊴［明］吕棠：《宣德彝器谱》（三卷）下卷，抄本，国家图书馆馆藏，图书编号：古391.12 7353.1。

㊵［明］吕震：《宣德彝器图谱》（二十卷）卷十，抄本，国家图书馆馆藏，善本书号：05163。

㊶［明］吕震：《宣德鼎彝谱》（八卷）卷五，抄本，国家图书馆馆藏，善本书号：08193，翁树培清乾隆五十三年。

㊷［明］吕棠：《宣德彝器谱》（三卷）下卷，抄本，国家图书馆馆藏，图书编号：古391.12 7353.1。

㊸［明］吕震：《宣德彝器图谱》（二十卷）卷十五，抄本，国家图书馆馆藏，善本书号：05163。

㊹［明］吕震：《宣德鼎彝谱》（八卷）卷七，抄本，国家图书馆馆藏，善本书号：08193，翁树培清乾隆五十三年。

㊺［明］吕震：《宣德彝器图谱》（二十卷）卷十六，抄本，国家图书馆馆藏，善本书号：05163。

㊻［明］吕震：《宣德鼎彝谱》（八卷）卷五，抄本，国家图书馆馆藏，善本书号：08193，翁树培清乾隆53年。

㊼［明］吕震：《宣德鼎彝谱》（八卷）卷八，抄本，国家图书馆馆藏，善本书号：08193，翁树培清乾隆五十三年。

㊽［明］刘侗、于亦正：《帝都景物略》卷四《城隍庙市》，北京古籍出版社，2001年，第161页。

㊾［明］吕震：《宣德鼎彝谱》（八卷）卷八，抄本，国家图书馆馆藏，善本书号：08193，翁树培清乾隆五十三年。

（作者单位：北京市文物进出境鉴定所）

北京市顺义区杨镇东庄户金墓发掘简报

北京市考古研究院

顺义杨镇东庄户墓葬发掘区位于北京市顺义区杨镇北部，南邻阳洲鑫园小区、东邻环镇路、北邻环镇北街（图一）。中心区域GPS数据为北纬40°09′35″，东经116°49′50″。为配合北京市顺义区杨镇棚户区改造土地开发A片区项目（自行拆分地块一）工程建设，北京市考古研究院于2021年6月至8月对该工程占地范围内发现的墓葬进行了考古发掘，共清理墓葬58座。现对其中的5座金、元时期墓葬简报如下（图二）。

一、墓葬形制

1.M12

位于发掘区西南部，东邻M13，开口于①层下。为"甲"字形竖穴土圹砖室墓，南北向，方向210°。墓口距地表0.7米，墓底距地表1.1米。墓圹南北长3.82米，东西宽0.72—1.5米，深0—0.4米。由墓道、墓门、墓室三部分组成（图三）。

墓道　位于墓门南部。平面呈长方形，口南北长0.96米，东西宽0.72米。东西壁垂直平整。底呈斜坡状，坡度18°，坡长1.08米，深0—0.4米。内填花土，土质疏松。

墓门　连接墓道、墓室。口东西宽1.16米，残高0.4米，进深0.17米。拱券已毁，东西两侧墙裙以卧砖纵向叠砌，内宽0.84米，残高0.4米。封门砖位于墓门内侧中部，以卧砖横向叠砌。残高0.4米。

墓室　位于墓门北部。平面呈长方形，口南北内长2.4米，东西内宽1.16

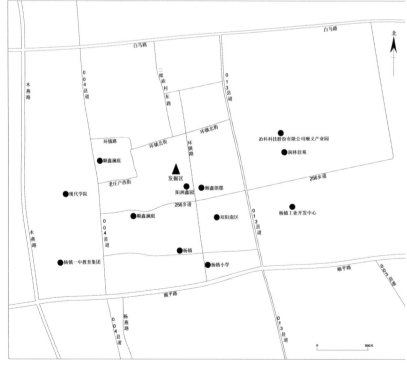

图一　发掘区位置示意图

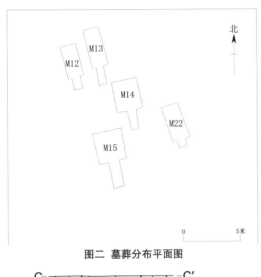

图二 墓葬分布平面图

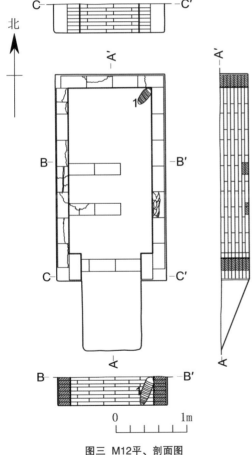

图三 M12平、剖面图
1.瓷瓶

由北向南第一排残存2层，长0.72米，宽0.17米，高0.1米；第二排残存1层，长0.72米，宽0.17米，高0.05米。未见葬具及骨架。室内东北角出土瓷瓶1件。

2.M13

位于发掘区西南部，西邻M12，开口于①层下。为"甲"字形竖穴土圹砖室墓，南北向，方向213°。墓口距地表0.7米，墓底距地表1.04米。墓圹南北长4.94米，东西宽0.78—1.5米，深0—0.34米。由墓道、墓室两部分组成（图四）。

墓道 位于墓室南部。平面呈长方形，口南北长1.58米，东西宽0.78米。东西壁垂直平整。底呈斜坡状，坡度20°，坡长1.6米，深0—0.34米。内填花土，土质疏松。

墓室 位于墓道北部。平面呈长方

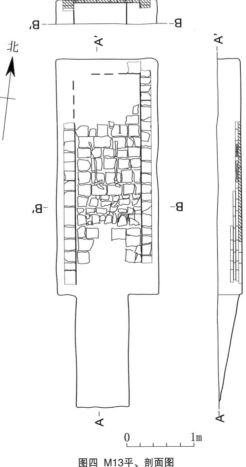

图四 M13平、剖面图
1.瓷碗

米。顶部拱券结构已毁，现存墓室残墙，四壁用长0.34米、宽0.17米、厚0.05米的素面卧砖逐层错缝向上筑砌，残高0.4米。底部残存两排青砖，均用卧砖对缝平砌，

形，南北内长3.34米，东西内宽0.88米。顶部拱券结构已毁，现存墓室残墙，四壁用长0.36米、宽0.17米、厚0.05米的素面卧砖逐层错缝向上筑砌，残高0.1—0.16米。底部铺地砖保存较差，用青砖残块错缝平铺。未见葬具，仅残留极少下肢骨。室内中北部出土瓷碗1件。

3.M14

位于发掘区西南部，西北邻M13，开口于①层下。为"甲"字形竖穴土圹砖室墓，南北向，方向200°。墓口距地表0.7米，墓底距地表1.04米。墓圹南北长3.8米，东西宽0.78—2.32米，深0—0.34米。由墓道、墓室两部分组成（图五）。

墓道 位于墓室南部。平面呈长方形，口南北长1.2米，东西宽0.78米。东西壁垂直平整。底呈斜坡状，坡度15°，坡长1.38米，深0—0.34米。内填花土，土质疏松。

墓室 位于墓道北部。平面呈长方形，口南北长2.6米，东西宽2.32米。顶部拱券及砖墙已毁，残存土圹。墓底中北部残留两块完整和半块素面卧砖，砖长0.34米、宽0.17米、厚0.05米。未见葬具，墓底中部仅残留头骨及部分椎骨。室内中部出土瓷碗1件、瓷碟1件、瓷盘1件。

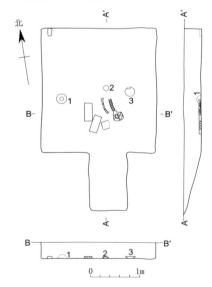

图五 M14平、剖面图
1. 瓷碗 2. 瓷碟 3. 瓷盘

4.M15

位于发掘区西南部，东北邻M14，开口于①层下。为"甲"字形竖穴土圹砖室墓，南北向，方向205°。墓口距地表0.7米，墓底距地表1.6米。墓圹南北长4.9米，东西宽0.96—2.6米，深0—0.9米。由墓道、墓门、墓室三部分组成（图六）。

墓道 位于墓门南部。平面呈长方形，口南北长2.04米，东西宽0.96米。东西壁垂直平整。底呈斜坡状，坡度20°，坡长2.2米，深0—0.9米。内填花土，土质疏松。

墓门 位于墓室南部。拱券已毁，东西两侧墙裙以卧砖纵向叠砌，东西内宽0.96米，残高0.6米，进深0.17米。封门用两层立砖斜置呈"人"字形封堵，残高0.9米。

墓室 位于墓门北部。平面呈长方形，南北内长2.3米，东西内宽2.2米。顶部拱券结构已毁，现存墓室残墙，四壁用长0.36米、宽0.17米、厚0.05米的素面卧砖逐层错缝向上筑砌，残高0.15—0.55米。室内中北部靠近棺床处残留三列南北向四层卧砖。墓室北部置一长方形棺床，东西长2.2米，南北宽0.88米。边沿用卧砖逐层错缝向上筑砌包边，高0.25米。床面铺砖较完整，用青砖残块平铺。棺床上部葬骨架一具，保存较差，头向西，仰身直肢，性别不明。室内中北部出土瓷香炉1件、铁器1件、铜钱23枚，东南角出土瓷盏1件。

5.M22

位于发掘区西南部，西北邻M14，开口于①层下。为"甲"字形竖穴土圹砖室墓，南北向，方向218°。墓口距地表0.7米，墓底距地表0.9米。墓圹南北长3.54米，东西宽0.76—1.46米，深0—0.2米。由墓道、墓门、墓室三部分组成（图七）。

墓道 位于墓门南部。平面呈长方形，口南北长0.74米，东西宽0.76米。东西壁垂直平整。底呈斜坡状，坡度15°，坡长0.78米，深0—0.2米。内填花土，土质疏松。

墓门　位于墓室南部。拱券已毁，东西两侧墙裙以卧砖纵向叠砌，东西宽0.76米，残高0.2米，进深0.17米。封门用卧砖逐层错缝封堵，残高0.2米。

墓室　位于墓门北部。平面呈长方形，南北内长2.28米，东西内宽1.14米。顶部拱券结构已毁，现存墓室残墙，四壁用长0.36米、宽0.17米、厚0.05米的素面卧砖逐层错缝向上筑砌，残高0.1—0.2米。底部残存四排青砖，疑似垫棺使用，青砖长0.72米、宽0.17米、高0.1米，间距0.34—0.38米，均用卧砖对缝平砌二层。未见葬具及骨架。室内北部出土瓷碗1件、铜钱15枚。

二、随葬器物

随葬器物有瓷瓶、瓷碗、瓷盘、瓷盏、瓷碟、瓷香炉、铁器共9件，铜钱35枚。

瓷瓶　1件。M12：1，直口，方圆唇，束颈，长圆腹，矮圈足，小平底。胎质较硬，胎体粗糙，通体施一层酱黑釉，釉层稀薄，施釉不均，略变形，器体修坯凸棱较明显，素面无纹。口径6.4厘米、底径5.2厘米、高50厘米（图八，1；照片一）。

瓷碗　3件。M13：1，敞口，浅腹，弧收，圈足，足口内敞，内底为乳钉状。

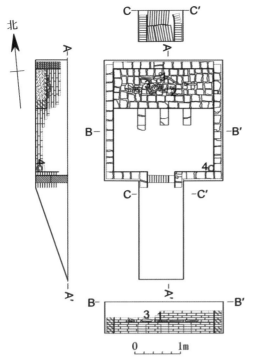

图六　M15平、剖面图
1.瓷香炉　2.铜钱　3.铁器　4.瓷盏

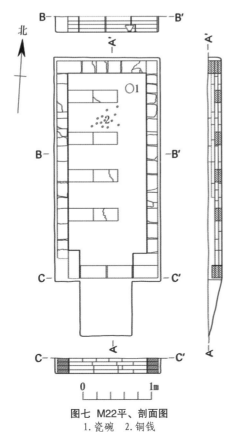

图七　M22平、剖面图
1.瓷碗　2.铜钱

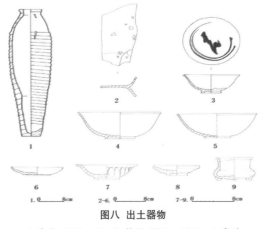

图八　出土器物

1.瓷瓶（M12：1）2.铁器（M15：3）3～5.瓷碗（M14：1、M22：1、M13：1）6.瓷盘（M14：3）7.瓷盏（M15：4）8.瓷碟（M14：2）9.瓷香炉（M15：1）

照片一 瓷瓶（M12：1）

薄不均，釉色莹润光泽。口径21厘米、底径7.2厘米、高7.8厘米（图八，5；照片二）；M14：1，敞口，圆唇，斜腹下折，圈足略外撇。外施乳白半釉，下饰一周凸弦纹。内施满釉，内饰有两条半周酱彩，底部施白釉黑花，口沿下有对称4个圆形铜孔。口径15.2厘米、底径5.6厘米、高6厘米（图八，3；照片三）；M22：1，敞口，曲腹，矮圈足，足口外撇。腹部饰凸弦纹，胎薄质细密，内外施白釉，釉层厚薄不均，釉色莹润光泽，轮制。口径22厘米、底径8厘米、高8.6厘米（图八，4；照片四）。

瓷盘　1件。M14：3，敞口，深腹，矮圈足，内底略圜，外底微凹。胎厚质细密，白胎，通体施白釉，圈足施青釉，釉层厚薄不均，釉色光润。口径16.8厘米、底径8.8厘米、高3.2厘米（图八，6）。

瓷盏　1件。M15：4，敞口，平沿，斜腹微弧，矮圈足，内底微凸。内外施青釉，腹部剔刻莲瓣，釉层厚薄均匀，釉色光润。口径11.7厘米、底径4.8厘米、高3.4厘米（图八，7；照片五）。

瓷碟　1件。M14：2，唇口，浅折

照片二 瓷碗（M13：1）

照片三 瓷碗（M14：1）

白胎，胎薄质细密，通体施白釉，釉层厚

照片四 瓷碗（M22：1）

照片五 瓷盏（M15：4）

腹，矮圈足，足口略外撇，内底为乳钉状。胎薄质稍粗。内施满白釉，外施半釉，釉层厚薄不均，釉色光润泛青。口径8.8厘米、底径4厘米、高2.2厘米（图八，8；照片六）。

瓷香炉 1件。M15：1，敛口，圆唇，上束腰，外施浅蓝釉，内、底无釉，弧腹斜收，小平底粘贴三锥形足。轮制。口径7厘米、腹径6厘米、高5.3厘米（图八，9；照片七）。

铁器 1件。M15：3，锈蚀较甚，截面呈三棱状。长10厘米、宽4.8厘米、厚0.7—5.2厘米（图八，2）。

铜钱 38枚。

开元通宝 6枚。平钱，圆形，方穿，郭略阔，正面隶书"开元通宝"四字，对读。标本M15：2-3，钱径2.5厘米、穿径0.65厘米、郭厚0.12厘米（图九，7）。

景德元宝 2枚。平钱，圆形，方穿，郭略阔，正面楷书"景德元宝"四字，旋读。标本M22：2-7，钱径2.42厘米、穿径0.58厘米、郭厚0.11厘米（图九，11）。

照片六 瓷碟（M14：2）

照片七 瓷香炉（M15：1）

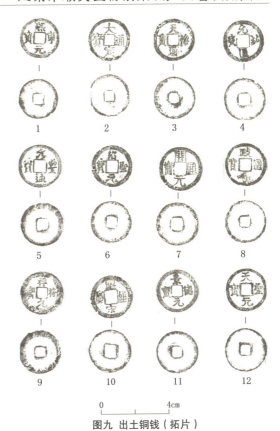

图九 出土铜钱（拓片）

1.熙宁元宝（M15：2-2） 2.大定通宝（M15：2-1）
3.天禧通宝（M15：2-4） 4.元佑通宝（M15：2-9）
5.元丰通宝（M15：2-5） 6.绍圣元宝（M15：2-8）
7.开元通宝（M15：2-3） 8.政和通宝（M15：2-7）
9.祥符元宝（M11：2-4） 10.皇宋通宝（M22：2-6）
11.景德元宝（M22：2-7） 12.天圣元宝（M22：2-10）

祥符元宝 1枚。标本M11：2-4，平钱，圆形，方穿，郭略阔，正面楷书"祥符元宝"四字，"符"字瘦小，旋读。钱径2.52厘米、穿径0.6厘米、郭厚0.12厘米（图九，9）。

天禧通宝 3枚。平钱，圆形，方穿，郭略阔，正面楷书"天禧通宝"四字，旋读。标本M15：2-4，钱径2.5厘米、穿径0.62厘米、郭厚0.11厘米（图九，3）。

天圣元宝 2枚。平钱，圆形，方穿，郭略阔，正面楷书"天圣元宝"四字，旋读。标本M22：2-10，钱径2.48厘米、穿径0.6厘米、郭厚0.11厘米（图九，12）。

皇宋通宝 3枚。平钱，圆形，方穿，郭略阔，正面篆书"皇宋通宝"四字，对读。标本M22：2-6，钱径2.5厘米、穿径0.68厘米、郭厚0.11厘米（图九，10）。

熙宁元宝　4枚。平钱，圆形，方穿，郭略狭，正面楷书"熙宁元宝"四字，旋读。标本M15：2-2，钱径2.5厘米、穿径0.56厘米、郭厚0.11厘米（图九，1）。

元丰通宝　6枚。平钱，圆形，方穿，郭略阔，正面篆书"元丰通宝"四字，旋读。标本M15：2-5，钱径2.5厘米、穿径0.64厘米、郭厚0.1厘米（图九，5）。

元祐通宝　5枚。平钱，圆形，方穿，郭略阔，正面篆书"元祐通宝"四字，旋读。标本M15：2-9，钱径2.42厘米、穿径0.68厘米、郭厚0.12厘米（图九，4）。

绍圣元宝　1枚。标本M15：2-8，平钱，圆形，方穿，郭略阔，正面行书"绍圣元宝"四字，旋读。钱径2.4厘米、穿径0.64厘米、郭厚0.12厘米（图九，6）。

政和通宝　1枚。标本M15：2-7，平钱，圆形，方穿，郭略阔，正面隶书"政和通宝"四字，对读。钱径2.48厘米、穿径0.62厘米、郭厚0.1厘米（图九，8）。

大定通宝　4枚。平钱，圆形，方穿，正背面郭缘较窄，正面瘦金体"大定通宝"四字，对读。标本M15：2-1，钱径2.52厘米、穿径0.58厘米、郭厚0.13厘米（图九，2）。

三、结语

该批墓葬均带墓道、墓室近方形或长方形，其形制与北京亦庄[①]、昌平兴寿[②]、大兴医科院[③]、顺义新城[④]墓葬类似，为北京地区金元时期墓葬常见形制。

M12出土瓷瓶与大兴董各庄金墓瓷瓶M1：3[⑤]、北京华能热电厂金墓瓷瓶M5：22[⑥]形制相似；M13、M22出土瓷碗亦与北京华能热电厂金墓瓷碗M5：4[⑦]形制相似；

M14出土瓷盘、瓷碟虽具有金文化特征，但其出土白底黑花瓷碗M14：1形制与徐水西黑山元代瓷碗M23：2[⑧]、毛家湾瓷器坑出土元代磁州窑白釉黑花碗[⑨]相似，已具有元文化特征；M15出土豆青釉瓷盏外壁刻划莲瓣，与毛家湾瓷器坑出土元代龙泉窑[⑩]器物外壁纹饰相同；M15、M22均出土有北宋中晚期铜钱，最晚为"大定通宝"，墓葬时代可能还要滞后。

综合推断该批墓葬时代应当为金末元初。

发掘：张智勇　刘乃涛
绘图：张智勇
摄影：刘晓贺
执笔：张智勇　刘乃涛

---

①北京市文物研究所：《北京亦庄考古发掘报告（2003—2005年）》，科学出版社，2009年。

②北京市文物研究所：《北京昌平兴寿镇元代墓葬发掘简报》，《文物春秋》2012年第3期。

③北京市文物研究所：《大兴古墓葬考古发掘报告集》，科学出版社，2020年。

④北京市文物研究所：《顺义新城第五街区元墓发掘简报》，《北京文博文丛》2017年第二辑。

⑤北京市文物研究所：《北京大兴礼贤董各庄金墓发掘简报》，《北京文物与考古》（第8辑），北京出版社，2021年。

⑥⑦北京市文物研究所：《北京华能热电厂墓葬考古发掘简报》，《北京文博文丛》2017年第四辑。

⑧南水北调中线干线工程建设管理局、河北省南水北调工程建设委员会办公室、河北省文物局：《徐水西黑山：金元时期墓地发掘报告》，文物出版社，2007年。

⑨⑩北京市文物研究所：《毛家湾：明代瓷器坑考古发掘报告》，科学出版社，2007年。

北京市朝阳区崔各庄乡南皋村明清墓葬、道路发掘简报

北京市考古研究院

2020年11月，为配合北京市朝阳区崔各庄乡南皋村基础建设工程开展，北京市考古研究院对项目范围内勘探发现的墓葬及道路遗迹进行了发掘。墓葬、道路遗迹位于北京市朝阳区崔各庄乡南皋村，项目地块东邻项目待拆建筑，西邻项目其他地块，南邻南皋路，北邻南皋中街（图一）。此次共发掘探方15个，发现明清墓葬4座、清代道路4条，均开口于①层下。墓葬M1—M4分散分布，道路L1—L4横纵贯通发掘区。现将发掘情况报告如下。

一、墓葬遗迹

此次发现的墓葬共4座，其中M1、M3、M4为双棺合葬墓，M2被现代沟完全破坏，在此不做介绍。

1.M1

位于发掘区的东部，东南西北向，墓向302°。开口于①层下。为长方形竖穴土圹双棺墓。墓圹长2.75米，宽1.36米，墓口距地表深0.9米。内填花土，土质疏松。

墓内葬具为双木棺，朽毁

严重。东棺长1.66米，宽0.6米，残高0.22米，板厚0.04米。棺内骨架保存基本完整，头北足南，面向东北，仰身直肢，为男性；西棺长1.76米，宽0.4—0.58米，残高0.26米，板厚0.04米。棺内骨架保存较完整，头北足南，面向东北，仰身直肢，为女性（图二）。

2.M3

位于发掘区的南部，西北距M4约30米。东北西南向，墓向331°。开口于①层下。为长方形竖穴土坑双棺墓。墓圹长2.5—2.62米，宽1.5—1.6米，墓口距地表深约0.78—0.8米。墓室填土为深褐色花土。土质较黏软疏松，夹杂黄褐色沙土块。

墓室内置双木棺，棺木朽毁严重，仅存棺痕。西棺平面呈梯形，长1.64米，宽0.4—0.48米，残高0.24米，棺板厚约0.04

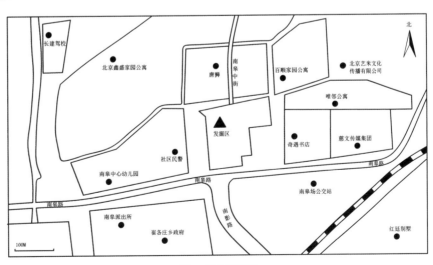

图一 位置示意图

米。棺内骨架保存一般，头北足南，面向西南，仰身直肢，为女性；东棺平面呈梯形，长1.94米，宽0.52—0.64米，残高0.26米，棺板厚0.04米，棺内人骨保存较好，头北足南，头骨移位，面向不详，仰身直肢，为男性（图三）。

3. M4

位于发掘区的西南部，南北向，方向170°，开口于①层下，为长方形竖穴土圹双棺墓。无打破关系。墓室南北长2.6米，东西宽1.4—1.5米，墓底距地表深1.16米。墓室内填土为灰褐色花土，土质较疏松，夹杂较多的黄褐色硬土块、少量碎砖块、瓷片等。

墓室内置双木棺，棺木朽毁严重，仅存棺痕。东棺平面近梯形，南北长1.64米，宽0.36—0.48米，残高0.32米，棺板厚约0.03—0.05米。棺内人骨保存基本完整，头南足北，面向上，葬式为仰身，下肢呈交叉状。人骨残长1.46米，为女性；西棺平面近梯形，南北长1.72米，宽0.44—0.56米，残高0.32米，棺板厚约0.03—0.05米。棺内骨架凌乱，肢骨多数重叠，部分残缺，为男性，推测为拾骨迁葬（图四）。

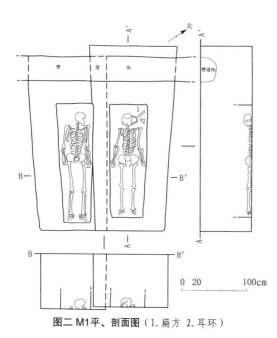

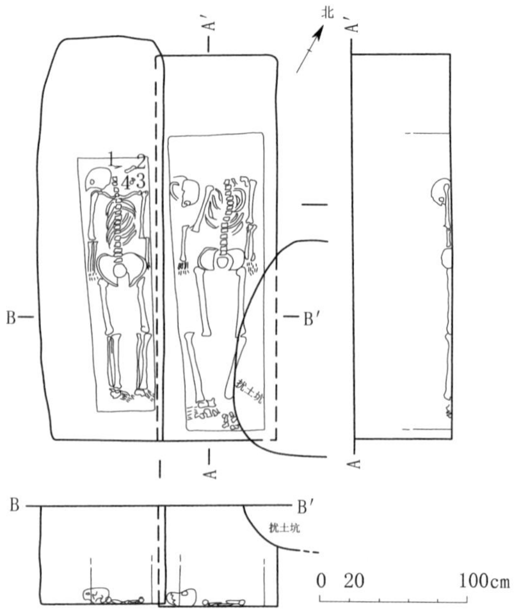

图三 M3平、剖面图
（1.铜簪 2.扁方 3.耳环 4.铜扣）

二、道路遗迹

本次发掘共发现4条道路（L1—L4），均开口于①层下。从地势地貌观察，路面水平，呈西北部略高，东南部略低的缓坡状堆积（图五；照片一）。现将道路形制报告如下：

1. L1

纵贯整个发掘区，呈南北向走势。在发掘区中部与L2、L3交汇。东、西路两侧边缘较明显，轮框线平行，土色为深褐色，含细沙，土质较硬，呈层叠状堆积，厚0.1—0.3米，含极少量青花瓷片，可辨认器形有瓷碗、瓷盘等，从地势地貌观察，路面水平，呈北部略高南部略低洼缓坡状堆积。

2. L2

位于L1东部，呈东西向走势。在L1中部与其交汇向东延伸，东部出发掘区。路面几乎成水平状。土色为深褐色，含细沙，土质较硬，呈层叠状堆积。南北宽约5米，东西长58米，厚约0.18—0.2米，夹杂少量残碎渣瓷片。

图二 M1平、剖面图（1.扁方 2.耳环）

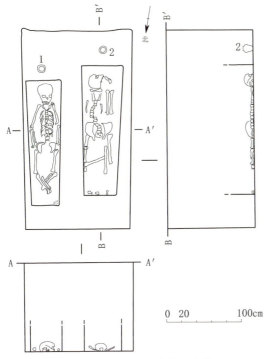

图四 M4平、剖面图（1.陶罐 2.陶罐）

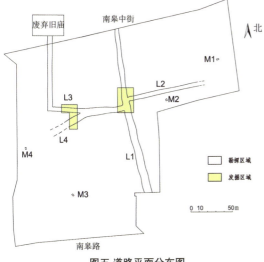

图五 道路平面分布图

3.L3

位于L1西部，平面呈曲尺形。先呈东西向走势，后折而向北，由东向西约50米处向西南方向有一分岔路口，编号为L4。L3东西长70米，宽约8—10米，L3厚约0.1—0.35米，地势呈西高东低，土质较硬，呈层叠状堆积，土色为深褐色，含细沙，夹杂少量青花瓷片，可辨认器形有瓷

照片一 L1、L2、L3位置图（南—北）

碗、瓷盘等。

4.L4

位于L3南部，属于L3的分岔路口，平面东北西南向。长约8—9米，宽5.5米，向西延伸出发掘区外。路面堆积厚0.1—0.3米，含极少量青花瓷片，可辨认器形有瓷碗、瓷盘等。地势北略高、南略低，缓坡状堆积。

三、出土遗物

本次发掘共出土10件器物，均残，修复后根据质地可分为陶瓷器、木器、铜器以及铜钱，其中釉陶器2件、瓷器1件、木器1件、铜器5件、铜钱1枚。

1.陶瓷器

釉陶罐2件，形制相同，均出自M4。土黄色胎，表面施化妆土，黄褐色釉，内壁无釉，外壁施釉到肩。直口，束颈，鼓肩，斜腹，饼形足。M4：1，口径8.8厘米、肩径11.16厘米、底径8.4厘米、高11.6厘米（图六，1；照片二）；M4：2，口径9.2厘米、肩径11.6厘米、底径7.6厘米、高11.56厘米（图六，2；照片三）。

瓷碟1件，L4：1，白胎，青釉，内外满釉，素面无纹饰，底部有青花款，残缺不识。敞口，尖唇，弧腹，圈足。口径14.5厘米、底径8.2厘米、高2.9厘米（图六，3；照片四）。

2.木器

木簪1件，M3：1，残，呈圆柱体，素

面。残长5.3厘米、厚0.3厘米，重0.57克（图七，3；照片五）。

3. 铜器

共出土铜器5件，根据器型分为扁方、押发、扣、耳环。

扁方1件，M1：1，残，铜质，平面呈长方形，簪首卷曲2周，素面。残长14.8厘米、宽1.4厘米、簪首高0.9厘米、厚0.1厘米，重7.58克（图七，1；照片六）。

押发1件，M3：2，残，铜质，如意形，侧面弯曲如如意，中间细，两端粗。两端对称分布花草纹。通长7.4厘米、宽0.6—1.2厘米、厚0.1厘米，重7.27克（图七，2；照片七）。

耳环 均为铜质，根据形制分为2型：

A型 环首S形 1只，M1：2。环首部为圆形托，素面无纹。底部与环体焊接，环体呈"S"形圆柱体，尾尖。通长3厘米、环首直径1厘米，重1.21克（图七，4；照片八）。

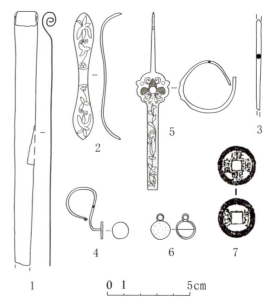

图七 出土铜器、木器图

[1.扁方（M1：1）2.押发（M3：2）3.木簪（M3：1）4、5.耳环（M1：2、M3：3）6.铜扣（M3：4）7.铜钱（L1：1）]

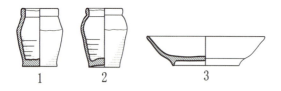

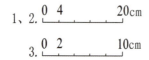

图六 出土陶瓷器[1—2 釉陶罐（M4：1、M4：2）3.瓷碟（L4：1）]

照片二 釉陶罐（M4：1）

照片三 釉陶罐（M4：2）

照片四 瓷碟（L4：1）

B型 圆形，1只，M3：3。主体呈圆环形，环面镂空雕蜜蜂纹，环面两侧一端粗，呈带状，带状表面以篦点纹为地，雕花草纹；另一端较细，圆柱体，似针。通高3厘米、厚0.1厘米，重6.04克（图七，5；照片九）。

铜扣1件，M3：4，整体呈球状，扣上有一圆形扣勾。表面覆盖布料纤维，纹饰不明。通高1.5厘米，重1.65克（图七，6；照片十）。

4. 铜钱

1枚，L1：1，康熙通宝，平钱，圆形，方穿，正、背面郭缘较宽，正面楷书"康熙通宝"，背面满文"宝泉"局名，对读。钱径0.22厘米、穿径0.06厘米、廓厚0.15厘米（图七，7）。

四、结语

本次发掘墓葬除M2破坏严重、难以

照片五 木簪（M3：1）

照片六 铜扁方（M1：1）

照片七 铜押发（M3：2）

照片八 耳环（M1：2）

照片九 耳环（M3：3）

照片十 铜扣（M3：4）

分辨形制外，其余均为长方形竖穴土圹双棺合葬墓。先葬入一人，再在墓葬一侧打破原有墓圹，另葬入一人。一般为夫妻同穴合葬。此类墓葬是明清时期常见形制，与北京顺义高丽营镇于庄明清墓葬[①]双棺墓、海淀区东升乡小营村清代墓葬[②]双棺墓等形制相似。

出土器物中，M1出土扁方M1：1与顺义高丽营于庄M23出土扁方M23：2，科技馆[③]M3：19、M4：2、M6：5，五棵松篮球馆工程[④]M41：7形制相同；M1出土铜耳环M1：2与顺义高丽营于庄M25：1、

M22：5出土银耳环形制相同；M3出土铜扣M3：4与奥运村工程M44：3、M39：4形制相同，耳环M3：3与五棵松篮球馆工程M47：2、M47：3形制相似；M4出土釉陶罐与奥运一期工程M40：1、M56：1、M57：1形制相近，具有显著的明清时期特征。

综上所述，此次发掘墓葬均为明清时期平民墓葬。

出土的扁方、耳环等饰品，其出土位置均位于尸骨周围，应是墓主下葬时随身佩戴。扁方是清代满族妇女固定其特有发髻"两把头"的长方形簪发工具，常见的扁方材质有铜、金、银、玉、翡翠、玳瑁、檀香木等，晚明汉族墓葬中也有出现这种形制扁簪，但远小于满族妇女用的扁方，故推测M1、M3的墓主可能为满族。

本次发掘的道路L1、L3出土遗物具有清代文化特征，L2、L4内虽无任何文化遗物出土，但是结合发掘区域其他路面遗物及道路相互之间贯通的关系推断，四条道路均为清代道路。

通过对上述墓葬、道路遗迹的发掘，妥善保护出土的地下文物，为了解该地区清代墓葬的形制，以及道路交通提供了依据。出土的文物为进一步了解该地区当时社会发展状况、丧葬习俗提供了珍贵的实物资料。另外，发掘区北面为南皋村关帝庙，庙内屋顶脊檩有"光绪拾三年修"字样，本次发掘的道路L3正通向该庙，墓葬、道路、寺庙形成一个有序的文化景观，为研究清代寺庙民俗、庙周生态等提供了线索。

执笔：张玉妍 刘浩洋
发掘：张玉妍 张中华
绘图：屈红国

①北京市文物研究所：《北京顺义区高丽营镇于庄明清墓葬发掘简报》，《北京文博文丛》2015年第一辑。

②北京市文物研究所：《海淀区东升乡小营村汉代、清代墓葬发掘简报》，《北京文博文丛》2014年第三辑。

③④北京市文物局、北京市文物研究所：《北京奥运场馆考古发掘报告》，科学出版社，2007年。

"博物馆之城"建设体系下北京乡情村史陈列室创建路径研究

赵晓娇

2013年以来，北京市陆续在北京农村地区开展乡情村史陈列室建设。截至目前，全市已建成乡情村史陈列室约400个，成为留住乡愁、凝聚人心、传承文明的重要窗口。党的"十九大"报告将乡风文明作为乡村振兴战略的总目标之一，乡村文化遗产保护与活化利用是乡村文化振兴的核心。2022年中央"一号文件"明确指出，全面推进乡村振兴加快农业农村现代化要加强新时代农村精神文明建设。乡情村史陈列室作为乡村公共文化服务体系的重要组成部分，已成为传承乡土文化、弘扬时代精神、全面推进乡村文化振兴的重要抓手，是北京地区乡村精神文明建设的重要示范工程。

2020年4月9日发布的《北京市推进全国文化中心建设中长期规划（2019年—2035年）》指出，北京要打造布局合理、展陈丰富、特色鲜明的博物馆之城。同年5月，北京正式提出建设"博物馆之城"，做好部分领域博物馆增量和盘活现有博物馆存量。2020年5月，北京市文物局局长陈名杰在 "博物馆之城建设谋划思想汇"研讨会上表示，北京正式提出建设"博物馆之城"①。同年底，北京市在关于"十四五规划"和2035年远景目标的建议中提出："鼓励社会力量兴办博物馆，建设'博物馆之城'。"2021年1月，北京市政府工作报告中进一步明确要增强公共文化服务能力，创新实施文化惠民工程，建设"博物馆之城"。2021年11月，《北京市"十四五"时期文物博物馆事业发展规划》正式发布，规划在"推动博物馆之城建设呈现新气象"重点强调："将乡情村史馆等具有博物馆功能但尚不符合博物馆备案要求的类博物馆纳入行业指导范畴。"至此，北京乡情村史陈列室建设正式纳入"博物馆之城"建设体系。

一、北京乡情村史陈列室发展现状——以朝阳区、海淀区、顺义区、通州区为例

（一）朝阳区

目前，朝阳区已建成的乡情村史陈列室有南磨房地区博物馆、和平街社区艺术馆、奥运村地区博物馆等20余家，其中大的逾千平方米，小的有八九十平方米。从已建成和在建的各乡级或村级博物馆来看，各馆针对各自情况，采取文物文献、多媒体影像、互动体验等多种方式，力求多角度呈现当地的乡情村史。以南磨房地区博物馆为例，分为"传统农业文化馆""传统民居生活馆"和"城市化历程展示馆"三个部分。其中，传统农业文化馆内有千余件乡村"文物"。传统民居生活馆里既有明清风格的古木家具、墙画、摆件，又有农业化时期的炕席、衣柜、纺车等。高碑店村史博物馆总占地面积600平方米，馆藏200余件实物，内设"漕运时期""解放后"和"新村建设"三大展区，主要通过三个不同历史时期的内容展

示，重现古村风韵，再现红色思潮，回顾新村奋斗史，突出体现不同历史阶段高碑店村的政治、经济、文化、生活等方面的巨变。

（二）海淀区

海淀区西北旺镇乡情村史馆是海淀区首家镇级乡情村史馆，展馆位于中关村公园东区唐家岭关帝庙内，占地面积300多平方米。西北旺镇深度挖掘地区故事，多方搜集资料，从展馆内容、风格、科技手段等方面精心设计。展厅共有实物200余件，各类图片资料300余张，全面展示了西北旺地区的历史沿革、民间传说、村名由来、重要历史事件、发展规划等内容。海淀区上庄镇李家坟村乡情村史陈列室，面积约450平方米，与"曹氏风筝"工艺坊完美结合。集手工制作、展品展示、演示、体验等功能于一体。展室里还悬挂着曾作为2008年奥运会开幕式背景的肥燕风筝，带动了李家坟村的发展，"曹氏风筝"也成为乡村旅游的重要文化名片。

（三）顺义区

顺义区龙湾屯镇柳庄户村在600平方米的乡情村史陈列室内展示有柳氏家谱、清代地契等老物件，每件文物都在诉说着柳庄户村的深厚历史。村里的年轻人基本都在市内工作，他们对本村的过去了解不多，甚至连"柳庄户"的由来也一知半解，村史馆的建成对他们了解村史、增强柳庄户村村民的自豪感起到重要作用。而南彩镇河北村的乡情村史陈列室则是和村内的民俗园融为一体，成为京郊游的特色景点。这里的陈列室面积达1000平方米，展示农村生产生活用具2000多件，重点用实物和图片诉说历史，记录河北村从解放前到新时期的发展历程。此外，牛栏山镇也建成了蓝家营村、金牛村等7座乡情村史陈列室，这些陈列室不仅保存了乡村记忆，也为新农村建设注入了更多文化活力，成为了乡村京郊游的新地标。

（四）通州区

自2012年起，通州区全面开展乡情村史陈列室建设工作，建成了历史文化、传统民俗、互动体验、特色产业等四类乡情村史陈列室近20座，总面积达5000平方米。张家湾乡情村史陈列馆是郊区村史陈列室的一个缩影，近2000平方米的乡情村史陈列室内，从农耕文化、漕运文化、民俗文化、红学文化等多方面展示了张家湾古镇浓厚的历史文化积淀。清代的运河古船、珍贵的石碑及拓片、农村老物件承载着浓厚的乡村文化，已然成为张家湾镇留住乡韵、记住乡愁的重要依托。于家务回族乡仇庄村史馆以"枯木逢春"为主题，以过去、现在和未来为脉络，贯穿始终，讲述村庄昨天、今天和明天的故事，在此基础上，以"孝"为切入点丰富展厅内涵，建成通州区首个村级孝道馆，充分展示了本村孝文化的建设成果。

二、乡情村史陈列室纳入"博物馆之城"建设体系的必要性

（一）纳入博物馆体系建设乡情村史陈列室，是落实历史文化名城保护规划和对"三条文化带"区域古镇、古村落实施保护的有效手段

2021年3月1日实施的《北京历史文化名城保护条例》中，明确鼓励历史建筑结合自身特点和周边区域的功能定位，引入图书馆、博物馆、非遗展示中心等文化和服务功能。据统计，北京现有市级传统村落44个，广泛分布在大运河文化带、长城文化带和西山永定河文化带范围内。这些传统村落文化种类丰富、内涵深厚，保存着北京悠久的农耕文化、民族文化、民俗文化和红色文化等形式多样的文化形态，充分体现了北京农村地区的文化特色和文化底蕴。依托乡情村史陈列室，建立在地化的承载大运河、长城和西山永定河三个文化带历史文化资源的乡村博物馆，让公众通过散落在村镇中的小型博物馆近距离了解农耕文化发展脉络和乡村历史变迁进程，增强对"三条文化带"区域内深厚绵

长的历史文化认知。如以漕运文化为特色的朝阳区高碑店乡高碑店村明确将陈列室定名为"村史博物馆"，展厅内对运河两岸日常生活场景的生动展现和增强现实（VR）技术的灵活应用，让参观者对该村的千年历史有了生动、直观的认识，有助于对大运河文化带的理解。

（二）纳入博物馆体系建设乡情村史陈列室，是构建村、镇、区、市多层级博物馆体系的有机组成部分

"博物馆之城"建设是为了在全面建成小康社会后满足人民群众对美好精神文化生活的更高需求，其意义在于充分发挥博物馆收藏、研究、展示、教育等职能，激活文化资源，共享文化成果。新发展阶段，博物馆作为服务社会的重要场所，其内涵、外延和空间范围也在迅速扩大。此前，《博物馆蓝皮书：北京地区博物馆发展报告（2019-2020）》进一步明晰了未来发展路径："北京致力于进一步整合不同层级、不同属性、不同类型的博物馆，创新发展路径，加强层级间的博物馆协调合作，促进资源、服务共享；丰富博物馆品类，依托文物腾退活化利用，推进军队、企事业单位、学校博物馆建设开放，培育社区、乡情村史馆等新型博物馆，有效完善博物馆网络布局。②"在"博物馆之城"建设的大背景下，能够为公众提供基本公共文化服务且展品达到一定级别和数量的各类纪念馆、文化馆、美术馆、镇村文化展馆（室）等，均可纳入北京"博物馆之城"的创建体系中，乡村博物馆的条件也应适当放宽，以征集、保护、展现村落历史和乡土文化遗产为核心、兼具教育功能的乡情村史陈列室，与博物馆的收藏、展示、教育、传播等职能高度契合，可归入村镇史类博物馆范畴，是构成分层次、网络化的"博物馆之城"体系不可或缺的有机组成部分。

（三）纳入博物馆体系建设乡情村史陈列室，是促进乡村文化振兴、推进文旅深度融合的有效途径

乡村旅游是后疫情时代促进乡村振兴、壮大集体经济、提高农民收入的重要产业，在自然美景之外增加乡村文化的吸引力，让体验农耕文化和乡土韵味成为城市人群接触乡村的动力，有助于推进乡村文旅产业发展。目前，北京有全国乡村旅游重点村32个、全国文明村镇95个、北京最美乡村111个、首都文明村514个、首都文明乡镇91个。经过多年建设，在各级政府的推动下，部分经济水平较好、文化底蕴深厚的村镇已建成体现当地文化特色的陈列室，成为接待游客的旅游目的地。通过引导乡情村史陈列室向乡村博物馆方向建设，在现有展陈功能基础上强化公共文化服务功能，纳入北京"博物馆之城"建设体系并有序推进，成为推动首都农文旅事业提质增效，实现可持续发展的新动能，有利于打造出城乡融合发展背景下的北京乡村博物馆建设新模式，贡献出通过文化建设促进乡村全面振兴的"北京样本"。

三、北京乡情村史陈列室建设存在的主要问题

（一）主管部门重视程度不够

北京乡情村史陈列室为基层政府主导、建成验收合格后拨款的建设模式，后期管理由村委会全权负责（极少数由乡镇政府负责）。这导致目前的管理体系较为松散，大部分乡镇对陈列室的意义和作用认识不足，在思想上重视不够，在维护升级上缺乏资金支持，制约了陈列室质量的提高和功能的完善。

（二）体制机制和制度保障薄弱

陈列室的建设主要为政府主导，但很多地区在具体实施过程中缺乏科学规划和事后评价。各相关部门之间也缺乏有效的协调合作机制，如文旅、农业农村、史志、文物等部门都是与这项工作紧密关联的机构，但在实际工作中基本上不参与此项工作，这在很大程度上降低了陈列室的"含金量"和综合利用效能，绝大多数处

于"为建而建"的尴尬境地。

（三）资源挖掘停留在浅表层次

北京地区尚有很多陈列室对本地历史文化的挖掘不够深入，对真正有价值的内容重视程度不够，且形式设计大于内容，内容同质化严重。深挖藏品资源和文化载体的积极性不高，也没有依据本地特色打造出更高层次的文化产品。由于缺乏吸引参观者眼球的文化创意产品，导致消费行为几乎为零，只带来了社会效益，并没有任何经济效益。

（四）运营管理能力有限，使用率严重不足

目前绝大多数陈列室由当地政府作为公益性文化设施进行管理，严重缺乏运营意识，公众参与度不高，场馆使用率低下，绝大多数时间都是大门紧闭，无人问津。游客到北京乡村地区旅游，几乎不知道陈列室的存在。

（五）缺乏与相关领域的交流合作

陈列室缺乏合作意识与共建机制，与其他博物馆、陈列室、学校、社会组织、当地居民之间尚未形成有效联动。普遍忽略作为文化传播媒介的功能，社会教育作用远未得到充分发挥。

（六）专业人才严重缺乏

陈列室普遍缺乏专业管理人员，现有人员整体素质不高，工作积极性、主动性和创造性不足，远远不能满足协调管理、策展宣传、活动组织等需求，高素质、高知识、高能力的人才奇缺。

四、北京"博物馆之城"建设背景下乡情村史陈列室创建路径

（一）整体规划陈列室建设，建立分级管理模式

把乡情村史陈列室建设纳入博物馆之城建设的重要议事日程，抓紧抓实，抓出成效。在总结成功模式和经验的基础上，明确"博物馆之城"体系下乡情村史陈列室的建设规模、目标、标准等事宜，从规划设计、建设、人员配备、运营方式、资金保障等方面做出规定，推动陈列室的规范化、专业化、标准化建设。按照由重点向一般的原则统一制定陈列室建设规划，即优先在全市古村古镇、传统村落、"三个文化带"等重点区域优先推进陈列室高质量建设，加快全市范围的陈列室建设步伐。对陈列室实行分级归口管理，馆舍建设及展陈业务的归口单位为文物局系统，场馆日常管理工作归口单位为文旅局系统，作为乡村旅游配套景点服务于村民和游客。由各区委宣传部（文明办）和文旅局联合成立指导机构，将陈列室作为乡村精神文明建设考核的重要参考指标，协调相关委办局对陈列室进行综合考评，切实推动陈列室提档升级。

（二）协同挖掘、梳理历史文化资源，确保展陈内容质量

在内容建设上，由各区委宣传部会同文旅局协调农业农村局、史志办、文物所等机构，以联席会的形式指导各村镇系统梳理当地文化资源，提炼适于展示的内容，确保史实准确、资料翔实。通过影像图片、互动体验等现代化技术手段生动展现乡村各个发展阶段的文化特征。推进以各乡镇为单元的"陈列室群"建设，统筹规划各村陈列室建设，在协同发展中发挥规模效应，通过文化资源的活化互动提高陈列室的吸引力和影响力。在陈列室空间选择上，充分整合利用以往大队部、库房、闲置农舍等公共建筑，将陈列室打造为集文化活动、公共服务、文化展示、校外教育实践等功能为一体的公共文化空间。

（三）探索多主体参与陈列室建设的有效机制

积极构建参与广泛、形式多样、管理规范的社会动员机制。各级机关和国有企事业单位选派优秀人员担任村级党组织负责人，这些村第一书记思想活跃，视野开阔，工作能力强，是陈列室建设的主导力量。党建助理员作为各区选派到村镇从事

党建工作的新生力量，对所在村的情况有较为深入的了解，能在很大程度上改变陈列室建设跟不上时代的弊端。近年来各行各业从业人员纷纷返乡、入乡从事精品民宿等经营活动，这些投资运营商大多是知识或商业精英，出于营造良好营商环境的需要，也是陈列室建设可以依托的力量。如延庆区康庄镇火烧营村、八达岭镇石峡村精品民宿品牌荷府、石光长城，它们的创始人积极参与结合地方文化特色的陈列室建设，其规模和展陈内容远超一般陈列室的水平，成为政企携手推进乡村精神文明建设的典型。以上均需要通过有效机制发挥不同主体积极性，切实推动陈列室建设取得更快进展。

（四）设立扶持资金，出台税收政策，调动体制内外参与积极性

由市财政局按照陈列室建设规模、展品数量、质量等给予配比资金支持，定期跟踪督查资金使用情况。按照去年出台的《北京市关于鼓励社会力量兴办博物馆的若干意见》，对社会力量兴办的博物馆予以政策和资金支持。鼓励、引导民间资本和社会力量以入股、参股等方式共建、共管陈列室，努力推动"私家珍藏"走向"社会共享"。为减轻民营机构的运营压力，应加快出台"同额免税"制度，民营机构可享受与国有企业同等的场地、水电费用标准。个人或企业向陈列室捐赠物品或赞助资金，可享受税收优惠，以此来扩大民营陈列室募资渠道，探索陈列室内生式发展道路。

（五）提供陈列室建设专业指导，推动城乡馆际交流合作

由市文物局牵头，依托北京市博物馆资源和人才优势，成立北京博物馆学会类博物馆（乡情村史陈列室）专业委员会，在展览策划、学术支持、陈列设计、藏品征集等方面定期组织人员培训和田野调查，加强馆际定点帮扶和结对共建，开展工作人员的短期互换和文化志愿者互访，以期整体提升从业人员的业务能力与水平；由市教委牵头，借助大专院校文博专业师资力量，制订策展人才培养与储备计划，建立乡情村史陈列室校外实习和实践基地，让更多年轻人成为未来乡情村史陈列室建设的中坚力量，以推动乡村博物馆事业的高质量发展。

（六）利用多种传播渠道，提升公众对陈列室的认知度

推进乡情村史陈列室走进基层、走进学校，打造"线上+线下""馆内+馆外"的博物馆立体传播体系。充分协调组织新闻媒体，通过互联网传播、社会参与、跨界合作等方式，开展形式多样的宣传活动，充分运用两微一端、短视频、H5等新媒体模式，对有特色、质量高的陈列室持续推介报道，提高陈列室的公众认知度，打造具有鲜明地域特色的乡情村史陈列室文化品牌。同时，充分利用本地特色节、假日开展活动，并进行线上线下主题联动。大力实施"博物馆+"战略，找准乡情村史陈列室与旅游商业、文化创意、科技创新、城市规划等生活生产的契合点，不仅将陈列室打造成吸引本地居民和外地游客参观的精神地标，更要将文化吸引力转化为乡村振兴的现实推动力。

五、结语

北京乡情村史陈列室是乡村博物馆的雏形，这里是乡土文化的展示平台，也是乡规民约的培植中心，更是文旅融合发展的孵化基地。目前，北京建设"博物馆之城"需要盘活存量、挖掘增量，向全国领先、国际一流的博物馆集群聚落快速推进，乡情村史陈列室建设是此项工作不能忽视的重要组成部分，传承历史、服务当代、推动区域发展则是将其纳入北京建设"博物馆之城"体系的真正意义所在。

①2020年5月，北京市文物局局长陈名杰在"博

物馆之城建设谋划思想汇"研讨会上表示，北京正式
提出建设"博物馆之城"。

②刘超英主编：《博物馆蓝皮书：北京地区博
物馆发展报告（2019—2020）》，社会科学文献出版

社，2021年4月1日。

（作者单位：中国农业博物馆）

村镇博物馆发展初探

——以朝阳区社区博物馆、密云区乡史村情陈列室为例

杨 波

2021年《北京市鼓励社会力量兴办博物馆的若干意见》文件指出，鼓励社会力量兴办博物馆，有利于引导和鼓励社会资源支持博物馆事业发展，丰富博物馆门类，优化体系布局，提升服务效能，实现高质量发展，助力布局博物馆之城建设；有利于更好融入和支撑全国文化中心建设，把首都文物博物馆资源优势转化为首都发展势能，服务文化强国战略；有利于更好满足人民日益增长的精神文化生活需要，不断丰富人民精神世界、增强人民精神力量；有利于中国特色社会主义先进文化之都建设，推动北京朝着世界历史文化名城、世界文脉标志迈进。

村镇博物馆是近年来中国逐渐兴起的博物馆类型，该类博物馆具有体量小、深入社区、本地化程度高等特点，同时由于种种原因，当前该类博物馆的发展尚有一些亟待解决的问题。本文以朝阳区村镇博物馆和密云区"乡情村史陈列室"为研究对象，对村镇博物馆的建设发展进行可行性调研与提升发展分析。

一、村镇博物馆出现的背景

村镇博物馆可被归纳为社区博物馆这一概念之中。社区博物馆出现于20世纪70年代，当时欧洲、美国、苏联等设立了各种类型的社区博物馆，以社区为中心，为社区服务。

与传统博物馆的独立高大建筑、珍贵藏品、精美展览专业讲解和服务相比，村镇博物馆这类小型博物馆具有更灵活、自由、社区融入度高等特点。当博物馆进入社区，把关怀社区、研究社区、服务社区作为实践目标时，其自身传统文化的传承和发展，丰富精神文化生活的优势会得到更充分的体现。

二、朝阳区村镇博物馆发展现状及分析

（一）朝阳区村镇博物馆的兴建及基本运行情况

2013年起，朝阳区在农村地区开始建设"乡情村史陈列室"，当时计划筹建高碑店村史博物馆、南磨房乡乡情村史陈列室、温榆河民俗博物馆、东坝地区民俗博物馆、常营地区乡情村史陈列室等20个乡情村史陈列室。此后，有些街乡社区根据当地情况，建立了社区博物馆，还有很多街乡由于各种原因，如场地难以确定，藏品征集困难，缺乏专业人员管理，资金短缺等，都没有能按原计划推进此项工作。朝阳区目前登记在册的有七家社区博物馆，分别为和平街社区艺术馆、奥运村地区博物馆、高碑店村史博物馆、南磨房地区博物馆、常营地区博物馆、高井村史馆和豆各庄乡情村史博物馆。这些博物馆无论是藏品类别还是展览内容都反映着本地区的历史文化，是社区教育的直接素材。在政策指导、乡土教育、核心价值观等多

层面，极大丰富了社区群众的文化生活。

（二）朝阳区村镇博物馆筹建、运营中存在的问题

同时，根据这些村镇博物馆在筹建、运行过程中，基于本身条件限定，立足服务社区居民的这一因素，笔者也总结出一些具有共通之处的问题。

1.以展示本地区历史文化为主，展示内容单一

根据有关数据，上述村镇博物馆中已开放的场馆，年接待量都在1000人次左右。展览的内容主要以本地区乡史发展历程、乡情延续为主。例如，高碑店村史博物馆展示高碑店新农村发展建设成就和发展之前的落后面貌的对比；奥运村地区博物馆展示洼里乡向奥运村转变的过程；豆各庄乡情村史博物馆展示豆各庄历史文化为脉络，希望参观者不忘乡愁，展望未来。因此，大部分观众都是本地社区的居民，同时社区博物馆也作为政府机关单位之间学习参观场所。基于人流量较低的因素，平日展厅灯光关闭，有团体或散客前来参观才打开灯光。同时，从严格意义上讲，目前的村镇博物馆还是博物馆建立的初级状态，藏品与展览及开展社会教育等方面还达不到博物馆的要求，藏品较少，展览内容较为简单，某种程度上可以说，将这些场馆称之为"展示馆"更为适宜。

2.展厅面积小，展览手段有限

上述现有的村镇博物馆场地面积十分有限。例如：高碑店村史博物馆在高碑店西社区办公楼内，位于地下一层，展厅面积600平方米；奥运村地区博物馆的场馆最初是党员活动中心，后因利用率低，改造为地区博物馆，展厅面积200平方米；豆各庄乡情村史博物馆，建立在文物保护单位张翼祠堂内，由两个四合院组成。一号院主要介绍豆各庄地区概况，二号院以"孝文化"为主，讲述地区的文化文明，展厅面积1000平方米。展厅面积小，是限制展览布局、参观人数的客观因素。

3.藏品以图片为主，辅以本地民众的捐献

调研中发现，上述村镇博物馆藏品保有量远远达不到有关部门对博物馆藏品的最低标准，即：博物馆藏品数量应达到500件，方能具有藏品展示的资格。在几家发展较为成熟的村镇博物馆中，藏品最多的高碑店村史博物馆，有近400件藏品，来源基本是村民自发捐赠。豆各庄乡情村史博物馆目前有300余件藏品，也基本源自捐赠，其内容包括农民家的生活照片、图片，以及一些生活用具。奥运村地区博物馆的藏品，只有2008年之前做的一长卷，该长卷以图文并茂的形式讲述了自新中国成立以来社会各个领域取得的重大成果，国家发生的日新月异的变化。但由于展厅面积所限，该卷轴从未完全打开展示过。

4.教育活动开展不充分，缺乏专业从业人员

开展社会教育活动是博物馆的社会职能之一，是发挥博物馆文化传播功能的强有力支撑。然而，上述村镇博物馆很少开展社会教育活动，多则每年以个位数计算，少则全年没有开展相关活动。这其中的主要原因是馆内缺乏专业人才，往往以基层文化工作者兼职为主，他们大都隶属于所在的街道，由街道干部兼任馆长，社区干部兼任讲解员或请居民担任义务讲解员，人员构成单一，仅能应付基本的日常工作，没有专业能力有效开展社会教育工作。因此，专业从业人员队伍建设是建设村镇博物馆亟待解决的问题之一。

三、密云区乡情村史陈列室发展现状及分析

（一）密云区乡情村史陈列室的兴建及基本运行情况

经调查，2013年以来，密云区共建设乡情村史陈列室40个，其中，十里堡镇2个、河南寨镇2个、溪翁庄镇2个、穆家峪镇3个、巨各庄镇3个、西田各庄镇1个、

大城子镇2个、石城镇4个、太师屯镇2个、北庄镇3个、高岭镇2个、不老屯镇3个、古北口镇3个、冯家峪镇3个、东邵渠镇2个、新城子镇3个。2021年8月，首都文明办组织开展评优工作，古北口镇河西村、东邵渠镇西邵渠村和大城子镇墙子路村的三个陈列室在此次检查中被评为区级优秀陈列室。上述陈列室在运行中有如下特点：

1. 有基本管理，大部分陈列室正常使用

目前，大部分乡情村史陈列室基本保存完好，室内卫生干净整洁，陈列室各项管理制度、来访登记及活动记录等材料较为齐全，设有专人讲解及日常管理维护。新城子镇曹家路村、石城镇石塘路村、黄峪口村和黄土梁村4个陈列室因拆除、损毁、移作他用等原因保存较差，如今已经不能正常参观，穆家峪镇新农村乡情村史陈列室因拆迁未建成。

2. 有展品陈列，展览内容基本完整

各村陈列室能根据展览内容展出相应展品，展品种类较为丰富，但也有部分展品缺少介绍材料。同时，陈列室能充分结合当地特色明确展馆主题，较为全面地反映当地历史文化及村情村貌，展馆空间结构布局合理。例如，大城子镇墙子路村在展出军事展品、生活用品及农用具的同时，结合本村农业种植情况，将农作物一并作为展品展示，丰富了展品的种类。

3. 有创新举措，开展"陈列室+"模式

部分村镇积极探索"陈列室+"模式，将陈列室和村内其他资源整合，如陈列室+党建中心、陈列室+主题纪念馆等，既便于当地民众参观，又提高了陈列室的利用率，丰富了陈列室的内容。如北庄镇大岭村将乡情村史陈列室建在承兴密联合县政府旧址纪念馆内，在参观纪念馆的同时也可以在此处了解大岭村的历史变迁。

（二）密云区乡情村史陈列室存在的问题及分析

1. 陈列室主题不明确，历史文化挖掘不深入

目前密云区正在开放的陈列室中，仅2019年建设的8个陈列室有明确的主题，其余各陈列室均未明确主题，导致在历史文化资源挖掘方面缺乏侧重，未能对本地区丰富的历史文化展开深入的挖掘。究其原因，一是受到移民搬迁、土地规划、自然灾害等原因影响，导致文献资料材料、实物、遗迹旧址等大量丢失或被破坏。此外，早前村民缺乏对历史文化遗迹遗物的保护意识，也导致相关资料的流失和缺损，这给陈列室筹建初期的工作带来了一定程度上的困难。二是研究类型不够明确。不少村镇的历史文化内容涉及多条线索，但没有突出的方面可作为明确的主题，导致陈列室内容缺少记忆点。三是工作过程中缺乏深入思考。对历史文化资源的挖掘工作要对事物从无到有、从新到旧、从产生到影响等多个层次进行剖析，要给过去的历史赋予新的意义，这样才能将一段历史文化说清楚、讲明白，富有价值，实现社会教育功能。

2. 受资金、场地、人口等客观条件制约限制

目前，首都文明办以"以奖代补"的形式给予每个陈列室22万元建设费用，余下资金需要各村镇自筹。但部分村镇财政紧张，无法给予相应的资金支持，导致当地有丰富的历史文化资源但无法更好地展示。部分村集体房屋较少，办公用地原本就不足，因此目前没有条件为陈列室提供相应的场地。如2014年建设的新城子镇曹家路村乡情村史陈列室，因村内办公用房紧张，经村内对办公场所进行统一规划调整，于2015年将陈列室作为老年活动中心，原墙面所有展板和各项奖牌都被摘除。此外，如新城子镇小口村是密云区9个传统村落中唯一没有建设乡情村史陈列室的村子，区农业农村局也曾多次协调，但由于村里人口少、房屋紧张、资金短缺等众多客观问题，导致目前小口村深厚的历史文化资源无法面向公众展示。

3.建好后未充分加以利用

陈列室要坚持"建得起、管得好、用得上"的原则,在筹划建设的同时,充分考虑日常运行和管理,考虑建好后如何更好地利用,要充分发挥其宣传引导和服务教育的功能,防止图形式、当摆设。目前,我区大部分陈列室功能尚未完全释放,前来参观的基本都是本村村民或有关部门组织开展党建活动,此外陈列室基本处于闲置状态。其原因一是内容不够丰富,不能充分调动游客的兴趣。二是缺少创新性,陈列室的设施老旧,展陈手法老套。三是维护能力不足,例如穆家峪镇阁老峪村乡情村史陈列室结合党群服务中心而建,但目前陈列室因环境、物品摆放等原因,无法达到对外开放条件,客观上造成了历史文化资源"藏在闺中无人识"的情况。

四、村镇博物馆提升发展的对策

为实现让人"走得进来、沉得下去、停得住脚步、留得住乡愁"的目标,更好地发挥村镇博物馆的作用,提出以下几点建议:

(一)建设到位

1.要选择历史文化底蕴丰厚的村镇建设陈列室

根据首都文明办下发的精建办〔2012〕37号文要求,乡情村史陈列室重点建设在具有一定的历史传承(物质和非物质文化遗产)、重要历史事件或人物的行政村。乡情村史陈列室是历史文化传承的重要载体,建设陈列室使得优秀的传统文化和历史得以展示、留存,选择文化底蕴深厚的村庄才能更好地发挥陈列室的意义;结合当地特色明确陈列室主题。要充分挖掘当地历史文化和特色产业,结合当地特色明确陈列室主题,让每个陈列室都讲述本村、本地独特的故事。如古北口镇河西村依托长城文化及"中国百家姓第一村"的历史由来作为陈列室主题,结合当地实际发展情况,内容有记忆点,让人印象深刻;东邵渠镇西邵渠村依托当地花会文化布置陈列室,既有文字图片的说明,又有花会服饰、用品等实物,更好地突出陈列室的主题;此外,河南寨镇平头村的"三优农田"、西田各庄镇青甸村移民建库的主题都能给参观者留下深刻的印象。

2.完善基础设施,提高现代化展陈手段

要注重场馆内基础设施建设,为参观者提供更加舒适的环境,例如规划休息区、建设无障碍设施、配备灭火器和疏散标识等。结合灯光、音效、多媒体、VR等现代化展陈手段,提升场馆的现代感和科技感,让参观者身临其境,增强体验感。

(二)管理到位

要管理好一个村镇博物馆,需要区、镇、村三级相互协作。区级要做好统筹规划工作,明确全区该类场馆管理制度,不定期进行检查或抽查,确保按要求正常运行。各镇要对照管理制度的相关要求,积极配合全区工作,及时做好固定资产登记,定期对本镇内有关场馆进行检查,排查安全隐患,监督问题整改。各村要做好场馆的日常维护工作,制定本村的管理制度,做好来访登记和活动开展记录等工作,至少设置一名讲解员,同时,安排专人负责场馆日常维护。

(三)使用到位

1.开设互动专区,增加互动性

结合当地特色增加互动项目,让参观者充分感受、深入体会,增强参观过程中的趣味性。例如利用农具现场体验,在保证安全及不损坏的前提下,让参观者亲自动手体验劳作。例如,东邵渠镇西邵渠村花会服饰及用品众多,可开展服装试穿、用品体验活动;石城镇石城村石头和绘画文化突出,可开展现场教学活动,让参观者动手体验作画。

2.弘扬传统文化,倡导文明新风

结合特殊时间节点在村镇博物馆、乡

史村情陈列室开展活动，利用春节、清明节、中秋节等传统节日，举办非物质文化遗产展示、文物讲解、民族歌舞、传统体育比赛等民俗活动，在爱国主义纪念日、党日活动等时间节点开展主题活动。另外，可以在场馆内广泛开展儿童开蒙礼、青年成人礼、重阳敬老礼、高考学子感恩礼等活动，大力培育文明乡风，结合美丽乡村建设、文明村镇创建等活动，举行"道德模范""北京榜样""文明家庭"等评选，持续推进移风易俗工作，纯民风、正民风、优民风，形成农村精神文明新风尚。例如东邵渠镇西邵渠村在陈列室为村里的孩子们讲述村里历代名人的励志故事，让村里孩子们前来参观学习，这已成为西邵渠村独有的传统活动；积极探索"陈列室＋"模式。将陈列室结合新时代文明实践中心、党建中心、主题纪念馆、阅读室及相应的景点和当地特色展馆，丰富展陈内容，深入挖掘场馆实用性。

（四）深度挖掘，大力发展

现有的村镇博物馆、乡情村史陈列室展陈的基本内容包括村史、村情、村貌、生产、生活、发展现状和规划，基本具备了收集整理乡村历史文物，旧的生产生活用具、农村生活用品、农村文化用品、农村婚丧嫁娶用品等功能。已成为乡村人文历史的宣传站、文化遗产的传承地、民俗风情的展示台。能够反映风土人情，展示农村发展变迁的历史轨迹，丰富农村建设的文化内涵，留住"乡愁"，与现有公共文化基础设施有机结合，实现"一室多能"，基本具备了村镇博物馆的功能。

《北京市鼓励社会力量兴办博物馆的若干意见》（京文物〔2021〕1614号）文件的出台，给予了北京市文博工作者和社会各界人士强有力的支持，并提供了保障法律权益、优化备案流程、拓宽资金渠道、完善馆舍对接、制定帮扶制度、加大宣传力度、提升教育功能、加快人才培养、激发创新活动、优化行业形象等10项重要保障措施。村镇博物馆的建立并不是一件轻而易举的事情，需要政府多方协调，深度挖掘，大力发展壮大。

五、结语

村镇博物馆的建设需要具备很多条件，并非一蹴而就。在北京市相关政策文件的引领下，博物馆发展壮大迎来了大契机。相信在不久的将来，村镇博物馆会如春笋般拔地而起，形成一套完备的制度体系实现有效运行，实现博物馆满足群众文化需求，展览展示区域独特文化的目标。

（作者单位：北京市密云区文物管理所）

新时代区级博物馆如何利用有限资源服务社会

周亚男

当前时期，我国社会主要矛盾已转化为人民日益增长的美好生活需要和不平衡不充分的发展之间的矛盾。为满足大众对精神层面的需求，博物馆逐渐向社会免费开放，社会服务功能在博物馆工作中的位置越发重要。博物馆要提高有限资源的利用率，不断对教育活动及陈列展览进行优化和创新，吸引更多群众走进博物馆，在游览博物馆的过程中完成自我学习和教育。而区级博物馆往往体量较小，文物资源相对大馆来说较少，在开展社会服务的过程中，有独到的特点。本文以密云区博物馆为例，就区级博物馆如何利用有限资源为社会服务展开讨论，对存在的问题提出相应解决构想，促使区级博物馆实现可持续发展，更好地服务社会。

一、举办各类临时展览，发挥博物馆社会教育功能

博物馆的基本功能之一就是社会教育。也就是为不同类别的参观者提供不同的文化服务，包括为在校学生的校外教育服务，为成人终生教育服务，为科学研究服务和为旅游观光和文化休闲服务。当前，博物馆在提高全民族的科学文化水平等方面发挥着重要的作用，其具有的导览模式，是其他教育形式很难替代的。陈列展览是博物馆对广大群众进行宣传教育的阵地。每个博物馆的陈列展览都必须要具有自己独特的思想性、科学性和艺术性，

并且使三者融为一体，才能达到为参观者喜闻乐见的效果。

临时展览为博物馆馆内藏品陈列布置提供了强有力的支撑，丰富了展览内容，更好地满足大众需求，近年来，密云区博物馆作为我区唯一一座综合性博物馆，克服展区小，工作人员人数少且非本专业人才，缺乏专业素养等困难，利用有限资源，举办了多项临时展览如：非物质文化遗产传承——手绘布艺展、"家·榜样"家教家风展、国外文创精品展等，通过临时展览的形式，充分发挥了博物馆教育、研究、欣赏和收藏、保护、展示职能。

如"手绘布艺"展，即是以布为纸，以纺织颜料为墨。在布上表现，赋予传统布艺新的活力和内涵。看似简单，却独具匠心，一幅幅精美的画作，蕴含着创作者对美学文化、民俗文化、传统文化的执着与热爱，更是传承和弘扬了非物质文化遗产。创作者们来自北京市密云区第三小学（简称"密云三小"），密云三小是唯一一所代表北京市参加"全国第五届中小学生艺术展演活动（艺术工作坊）"的学校。此次展览就采用密云三小"布衣坊"的学生们手工制作的布艺品180余件，如：钱袋、布书、布鞋、布画等，内容丰富多彩，将中国手工艺美学发挥到淋漓尽致，一个个经典故事，历史人物，不同寻常地展现在观众的眼前。通过举办此次展览，发挥了博物馆社会教育职能，向我区广大人民群众，特别是中、小学生，广泛

宣传了中华民俗知识、非物质文化遗产的珍贵性，同时普及传统文化知识，弘扬爱国精神，传承优秀的非物质文化，营造了浓厚的文化氛围，为我区百姓增添了寓教于乐的休闲活动。

二、利用重大节日，开展特色展览

为了更好地吸引大众走进博物馆，博物馆可以通过利用一些重大的节日作为时间节点，开展特色的宣传活动，从而使更多观众愿意前往博物馆了解相关知识、收获参观的乐趣。2019年10月，时值中华人民共和国成立70周年，密云区博物馆为结合庆祝活动，举办了"我和我的祖国——庆祝新中国成立70周年大型黑板报展"。区内六所小学的师生，用几代人共同熟悉的校园记忆——黑板报创作，来歌颂伟大祖国，抒发对家乡的热爱。此展览共展出63件黑板报作品，其中有的小幅作品面积不足1平方米，而最大的作品则长4.25米、宽2.2米，与普通教室里使用的黑板相仿。青少年用这种接地气的方式，把对祖国、对家乡的热爱一一描绘出来，在创作过程中既接受了爱国主义教育，又能畅游在黑板涂鸦的快乐之中，用这种独特又新颖的形式为祖国70周年华诞献礼。此次展览在让孩子们了解新中国成立七十年来巨大变化的同时，激励他们的学习积极性，并培养他们团结合作的精神及美学素养。

三、广泛宣传，提高博物馆社会教育认识度

博物馆是一部立体的"百科全书"，从社会历史到自然生态，从艺术到科学，从中国民族文化到异域民族风情，涉及人类社会和自然界的方方面面。密云区博物馆是我区文物收藏、展示、科研的重要机构，是对外文化交流的窗口，代表密云区

的地区品位，担负着全方位展示、宣传我区悠久历史、深厚文化、辉煌成就和城市风貌，服务于首都、服务于广大观众的任务，同时也是我区青少年爱国主义教育基地。密云博物馆建设和发展的好坏，也是密云地区古今人类文明程度和经济发展的重要标志之一。如何让社会了解博物馆，让广大观众接受博物馆教育，我们必须要两条腿走路，既要请观众走进来，博物馆也要走出去。

近年来，密云区博物馆坚持引进来、走出去，推进优秀展览展陈进校园。如2016年11月，密云区博物馆与原北京市文物局宣教中心联合开展了"中国文化遗产日——专家进校园主题讲座"活动。现场讲授密云悠久的红色文化，学生们带着求知的欲望，对红色文化的传承和意犹未尽的心情，圆满地结束了此次活动。通过弘扬红色文化教育，加强学生的革命历史、传统文化、国情社情等爱国主义教育，帮助青少年树立正确的世界观、人生观和价值观，努力成为新时代的建设者和接班人。

四、区级博物馆为社会提供服务中存在的不足

（一）大部分区级博物馆基础设施不够完善

受经济水平发展不均衡的影响，一些区级博物馆基础设施不够完善。基础设施包括停车场、摄影部、食品部、餐饮部、医务部、咨询处、寄存处、纪念品商店、休息厅及其他配套服务设施。这种基础设施不完善的现象，让部分地区的大众无法享受博物馆提供的社会服务，大众文化需求难以满足，在一定程度上限制了区级博物馆的发展。

（二）区级博物馆展览形式单一

陈列和展览馆内收藏品，是博物馆为大众提供文化服务的主要手段，但目前，大部分区级博物馆采用传统的陈列展

览形式，展览形式单一，很难吸引大众的眼球。随着科学技术的广泛应用，电子设备可以带给大众视觉上的冲击，但大部分区级博物馆尚未配备、使用相关的电子设备，即使有一部分博物馆已经开始使用电子设备，但未能充分发挥电子设备作用，展览模式也未因此发生质的改变，不能更好激发大众的参与感，让博物馆服务社会功能的实现进入了瓶颈期。

（三）区级博物馆社会教育服务延伸程度不够

博物馆在举办陈列展览活动时，应根据展览活动内容延伸一系列教育活动，以此来满足民众多种文化的需求，如：举办各类比赛、竞答，展开某工艺专题讲座。而区级博物馆陈列展览所匹配的活动往往形式较为单一，很难拉近与民众之间的关系，不能让博物馆的社会教育功能更有效地发挥出来。

五、加强区级博物馆利用有限资源为社会服务的具体措施

（一）加强区级博物馆的建设

区级博物馆是各地结合当地风俗习惯、传统文化和地域文化特色，建设的具有当地特色的博物馆。加强区级博物馆的建设，是满足当地民众文化需求，推动精神文化建设的重要举措之一。密云区人口近50万人，目前博物馆的面积仅为800平方米。在一个地区内，博物馆发展建设与展示水平的好坏，是该地区政治、经济、文化、等各项文明程度的重要标志。建设具有当地特色的博物馆，能够充分显现博物馆社会教育服务功能，促使人们积极参与到博物馆举办的各项展览活动中。

（二）丰富区级博物馆的展览形式

丰富区级博物馆的展览形式，激发社会大众参与感，促使区级博物馆更好地为社会服务。区级博物馆在举办各种展览活动时，要紧紧围绕民众的文化需求，丰富区级博物馆的展览形式，如提升设备，利用新技术，吸引民众注目，让民众更有兴趣走进博物馆参观展览，进而更加深入理解文物、展览背后的丰富内涵。与此同时，对于较为珍贵、重要的文物，可以利用多媒体信息技术，进行历史场景复原，让社会大众身临其境感受、体验文物背后的故事，从而更加深刻了解底蕴深厚的中华文明。

（三）拓展区级博物馆开展社会服务的教育形式

区级博物馆要加强与社会单位的合作，让博物馆的社会教育功能得以延伸，满足不同人的文化需求。区级博物馆应借助与社区较为密切的关系，和当地学校等一系列机构建立合作关系，为其提供教学和研究的服务。同时也可以与其他中小型博物馆合作举办陈列展览活动，通过合作让两个博物馆之间的优秀文化呈现给社会大众。此外，区级博物馆可以以馆内的某一重要文物为主题举办活动，扩展博物馆开展社会服务的教育形式，让更多当地民众享受到博物馆的社会教育服务功能。

六、结语

博物馆是地区的重要文化名片之一。通过博物馆，能够展示当地悠久的历史和灿烂的文化。同时，博物馆也是新兴的文旅资源，在展示当地历史文化的同时，也能成为一个新的经济增长点。随着人们生活水平的不断提高，越来越多的民众想要走进博物馆里了解当地历史、体验当地文化生活、接受艺术熏陶。密云区博物馆正是在此基础上，更有针对性、目的性地开展各类展览活动，使参观者增长知识、开阔视野、陶冶情操，使密云区博物馆成为民众热爱密云历史文化的源泉。

（作者单位：密云区博物馆）

关于新媒体语境下加强考古直播宣传的几点思考

崔 凯

　　北京拥有3000多年建城史、860多年建都史，悠久的岁月留下了丰富的历史文化遗产。近年来，随着圆明园公众考古、路县故城考古发现等成为社会热点，原本相对冷门的考古发掘工作在媒体的关注下日益成为公众关注的焦点。直播作为新媒体语境下影响力强、时效性强、互动性强的一种传播手段，在圆明园、琉璃河、正阳桥等考古宣传中发挥了极大作用。因此，进一步做好考古直播宣传，能够增强公众对考古发掘工作的了解，从而引导更多人参与到北京历史文化遗产的保护中来。

一、直播为考古宣传工作带来的契机

　　在新媒体时代，互联网成为公众获取资讯的便捷途径。网络直播具有开放性、及时性和真实性等特征，将其应用在考古文化传播上，能够将考古现场的最新状态更加直观地呈现给观众，让观众同步了解到考古工作的最新进程和接收相关信息，有身临其境的感觉，能够在互动中了解考古和文物保护专业知识，增强对历史的探索欲望。例如，2016年8月17日，圆明园远瀛观遗址考古现场出现在直播屏幕里（图一），这是圆明园第一次采用新媒体进行考古直播，十余万人进入直播间，近距离观看并了解考古工作，远远超出现场参观能够达到的宣传效果。2021年9月24日，北京广播电视台新闻频道中心与北

图一　圆明园远瀛观遗址考古直播

京时间合作，通过网络与电视同步直播北京中轴线正阳桥镇水兽考古发掘过程（图二），三个小时内观看量超624万，证实了当下公众对于了解考古的热烈需求。

二、考古直播宣传的多种形式

　　一是考古工作者独立介绍考古工作的形式。这是直播最初始的一种形式，由考古工作者在考古现场讲解考古实况及相

图二 正阳桥镇水兽考古直播

图三 "琉璃河考古新发现"直播间

图四 "琉璃河考古新发现"发掘现场

图五 "琉璃河考古新发现"文物介绍

关历史等。这对考古工作者的综合素质要求较高，考古工作者不仅需要介绍考古工作，更需要由浅入深地讲解考古知识，吸引观众的注意力。如2016年的圆明园远瀛观遗址公众考古直播，时任北京市文物研究所圆明园课题组组长的张中华在镜头前分享了考古小知识，通过远瀛观地理位置、石构件大小及外形等，分析了原有房屋等朝向、灶台及大门等位置，直播间好评如潮。

二是主持人现场采访考古工作者与专家的形式。主持人在考古现场发问，考古工作者介绍考古工作与成果，专家介绍相关背景。在提前设置好流程的情况下，主持人能够代替观众在现场发问，逐步引导话题，带领观众了解考古工作。这需要主持人在直播前了解相关背景知识，在采访过程中善于提问，及时传递对专业知识的理解。如2021年的正阳桥考古直播，由北京广播电视台记者夏婷作为现场主持人，邀请北京史研究会顾问、《北京志》副主编谭烈飞，北京广播电视台《这里是北京》原制片人、北京古都学会影像专业委员会主任李欣等专家，以及考古现场负责人张利芳博士等考古工作者，从方志、影像等多方位解读正阳桥考古发现的重大意义。

三是直播间访谈与现场采访连线相结合的形式。直播间由主持人与相关专家介绍考古整体工作情况，通过对话、展示图片、播放视频等方式从宏观角度呈现近年考古成果、讲述考古历史等；现场连线则是由现场记者直达考古发掘现场，展示考古现场及发掘出的文物。两者相结合能够让观众更加清楚地了解考古发现的脉络，同时也更有身临其境的现场感。如2021年12月19日，北京广播电视台新闻频道《这里是北京》的网络直播"2021琉璃河考古新发现"，共设有五个板块多个场景，包括直播间讲述琉璃河考古印象与76年考古发掘历程、博物馆解读青铜器、考古工作站讲解出土文物保护、南城墙考古发掘区讲解考古技术、M1901发掘现场直播考古进程等，立体呈现琉璃河76年来考古发掘的全貌以及琉璃河遗址对3000多年北京建城史的研究意义（图三—图五）。

三、考古直播宣传的优化思考

一是用好新技术。信息时代下，媒体技术环境的变迁为直播的发展提供了强有力的支持。如2021年3月20日的四川三星堆遗址直播中，央视总台采取了多种技术手段，带领观众身临其境，感受古蜀文明。其中，采用自制遥控摄像机、鱼竿摄像机、智能手臂机器人摄像机等特殊设备拍摄，还原文物之美；借助虚拟成像技术在考古发掘基址上还原古蜀先民生活场景、文物坑内放置状态、祭祀场景，给予观众"沉浸式"体验；以文物铜鸟形象制作片头、片花，神鸟作为串联符号飞入北京演播室、三星堆解说区，有设计感地呈现直播特别节目；在三星堆发掘现场、三星堆文物修复中心、三星堆博物馆、金沙遗址博物馆等启用多个24小时慢直播摄像机，与观众一起守候考古发现等。因此，考古直播也应依托电视台的丰富资源，积极借助特殊设备、虚拟成像等新技术，加强直播宣传的策划编辑，将文物形象与直播更紧密地结合起来，为观众提供更加精彩的直播画面与更具深度的直播解读。

二是做好新连接。考古仍算是偏冷门的话题，非重大发现很难吸引观众的注意力，因此，要打出一套长短结合的"组合拳"，做好直播前的预热推介与直播过程中的互动。预热环节需要提前拍摄系列预告短视频，通过传统媒体与新媒体平台广泛发布，建立话题进入各平台热搜榜，以引发传播裂变。直播过程中要设立专门的互动环节，在保证直播进程流畅的同时，充分利用直播的弹幕、留言功能，特别是在专家学者探讨时给予观众发表意见参与的权利，吸引观众自发留在直播间，甚至自发传播直播信息。"意见领袖之间的互动、公众之间的互动，意见领袖与公众之间的互动，使得传播信息得到放大，传播能量得到倍增，而且是成几何级数的增加，从而产生传播的裂变，释放出巨大的传播能量，形成强大的传播力"[①]。如

图六 市文物局官方微博发布琉璃河考古相关短视频

2021年的网络直播"2021琉璃河考古新发现"，12月7日起北京市文物局在微博、抖音、快手等平台发布短视频为直播进行预热，直播结束后也继续发布短视频宣传考古成果，前后共发布50余条短视频，反响热烈（图六），微博话题阅读量达5000万，登上微博同城热搜榜第二位、抖音热点同城榜第三位，传播效果比单一的直播预告明显增强。

三是形成新传播。直播具有同步优势，能够第一时间满足观众的"寻宝"热情，引起观众的关注，但直播的结束并不意味着宣传的完结，考古直播也可以不局限于考古现场。如2021年4月12日举行的"2020年度全国十大考古新发现终评会"采用了现场直播的方式，24小时内近600

万人次在央视新闻客户端、今日头条、抖音、视频号、百家号、新浪微博、知乎等多个平台观看，新浪微博、央视新闻客户端、今日头条等平台相关话题阅读量总计突破2.2亿，登上百度热搜第四位和新浪微博热搜榜前十位。终评会直播后，人民日报、新华社、光明日报、科技日报、中新社等多家央级媒体纷纷以大篇幅进行了深度报道，如人民日报《解开未知 牵引新知——2020年度十大考古新发现揭晓》、光明日报《一眼万年 华彩中国——2020年度全国十大考古新发现扫描》；地方媒体也对本省入围的遗址进行了多角度的报道，如独中三元的河南省在河南日报的头版和要闻整版刊登《河南三项上榜继续领跑——2020年度十大考古新发现揭晓》《考古新发现，实证中原文明核心地位》两篇文章；获奖者北京大学考古文博学院也通过《北大与时庄遗址的故事》一文回顾了遗址的发掘始末和收获。这样的传播量级相较单独一场考古直播而言，实实在在地掀起了一轮全民考古热潮。

因此，考古直播也不应仅局限于直播本身，综合运用好传统媒体与新媒体相结合的传播方式，将传统媒体深度报道的优势与新媒体传播速度快、互动性强的优势结合起来，进一步深度挖掘直播内容的历史文化价值，有助于扩大考古发掘成果共享范围，让公众更深切地理解考古的重大社会政治意义，分享考古学对构建民族历史、增强文化自信的独特贡献。

文化遗产是人类历史发展不同阶段的先进文化和先进生产力的精华所在，也是"沟通不同时代不同空间人类文化和情感最具体的桥梁，对于重现历史和科学研究有着其他史料所无法比拟的作用"[②]。而如果没有人去关注，从中获取有益的收获，这样的文化遗产也无法真正实现其价值。考古工作是挖掘文化遗产在沧桑岁月中的不凡经历，而直播宣传不仅能够带领观众"共见"考古工作现场、"共知"考古工作进展，也为"共享"科学考古发掘成果提供了新平台，为丰富公众的文化生活提供了新选择，使"让文物活起来""让历史会说话"成为更加广泛的社会"共识"。

---

①谭天、郑爽：《新媒介生态下的电视传播模式——以〈百家讲坛〉为例》，《国际新闻界》2009年第7期。

②刘爱河：《试论文化遗产的符号价值》，《辽宁行政学院学报》2008年第8期。

（作者单位：北京市文物局综合事务中心）

文博单位文物文化资产管理探微

范金楠

文物文化资产是指文博单位为满足社会公共需求而控制的，例如考古遗址、历史建筑、古墓葬等，由于其具有极高的历史研究价值、不可再生性以及难以被替代的特征，故区别于其他一般性资产。而文博单位为满足自身开展业务活动或其他活动需要而控制的文物和陈列品，应当通过固定资产科目核算。

2017年正式出台的《政府会计制度——行政事业单位会计科目和报表》，要求正确使用文物文化资产科目进行会计核算，编制财务会计和预算会计报表。此举表明国家对历史文物的管理越来越重视，文博单位作为文物文化资产管理使用的主要部门，更需要对其进行规范化管理。虽然我国文博单位在文物资产管理上积累了一定的经验，但依旧存在各种各样的问题。因此，要充分了解文博单位文物文化资产管理中存在的不足之处，进而逐步规范和完善文物文化资产的核算与管理，构建和优化资产管理体系，对提高政府财务报告的信息质量、全面反映政府公共资源管理的受托责任履行情况具有重要意义，同时也为文博单位的可持续发展奠定良好基础。

一、文博单位文物文化资产管理中存在的主要问题

文物文化资产大部分均由政府部门来经手管理，是历史的产物，不能重复生产制造，正是因为其自身的独特性，故其使用目的和管理方式不同于一般的存货、固定资产。

（一）文物文化资产在会计核算中的问题

2019年1月1日起开始实施的《政府会计制度》要求行政事业单位要按照新制度要求，正确使用文物文化资产会计科目进行核算并编制财务会计和预算会计报表，但由于文物文化资产的特殊属性，新制度实施以来，财政部尚未出台具体准则，致使一些单位在文物文化资产的会计核算中遇到如下问题：

1. 账面价值不能准确反映文物文化资产的真实价值

目前文博单位文物文化资产一般都是以购买、接受捐赠或考古发掘取得，以历史成本或是名义金额记账，但这两种计量方式均不能准确衡量文物文化资产的真实价值。例如有些文物是四五十年前以购买方式取得的，当时支付的成本只有几元钱，但时至今日价格可以高达几十万元，故以历史成本计量不能准确反映文物文化资产的真实价值。若是没有相关凭据、同类或是类似资产的市场价格无法可靠取得时，以名义金额入账，更不能反映出资产的真实价值。

2. 文物文化资产后续支出不明晰

在新的《政府会计制度》中，对于文物文化资产有关的后续支出，只要求其参照公共基础设施科目相关规定进行处理。这对不可移动文物还具有一定的参考价值，但是对于可移动文物来说可比性较弱，难以界定费用化与资本化的判定标准。

（二）文物文化资产保险制度不健全

相关的文物管理部门没有制定文物保险类的条例，文博单位也没有对馆藏文物做相应的保险预算，导致藏品展出及外借面临较大风险。保险公司方面，对文物投保亦缺乏相关的经验，我国能够承担文物类保险业务的公司寥寥无几。究其原因主要有以下几个方面：一是对于馆藏文物缺乏专门的条款进行制约与保障；二是保险公司中专业的文物保险人员较为缺乏，文物的经济价值较难确定；三是文物文化资产投保金额较高，致使一些实力较弱的保险公司对此望尘莫及。

（三）内控制度不健全，认识不到位

部分行政事业单位没有设置具体的资产管理岗位，大多数是兼职管理，岗位上存在着一人多职的现象，缺少明确的岗位职责及不相容职务相分离制度，这在很大程度上降低了内控制度的约束力与执行力。例如，实物管理部门同时管理文物文化资产台账，财务人员牵头去文物库房核对实物数量等。同时，单位领导层对内部控制缺乏基本了解，没有认识到实施内部控制的重要意义，把内部控制看成仅仅是财务部门的事，将原有各项制度简单加总即为本单位内控制度，并未按要求将单位经济活动进行全面梳理后形成，使得内控制度不健全或形同虚设，没有起到应有的效果。另外，还有部分单位不重视第三方评价机构的意见，向外部监督部门提供的资料不全面，致使外部监督失效。

（四）对文物文化资产缺乏定期的清查盘点

新制度规定单位应当定期对文物文化资产进行清查盘点，每年至少盘点一次。通过对局属单位的调研，大部分馆表示由于文物文化资产的特殊性及管理现状，缺乏按照政府会计制度要求完成盘点清查工作的相应条件，大馆尤为困难。同时由于行政事业单位人员的配置问题、部门之间的分工等原因，不能实现对文物文化资产的定期盘点。此外，由于财务人员与实物管理人员对文物信息录入的要求不同，财务账与文物实物账在名称、数量等内容的登记上也会存在差异。即使在双方相符的情况下，也难以通过资产盘点确保馆藏文物账实相符，原因在于实际工作中财务人员与实物保管员掌握的藏品信息不对称，难以对文物的品相、年代、真伪等进行辨识，往往文物保管部门指定文物是哪一件，财务人员就被动地认定是哪一件，导致文物清查盘点工作流于形式。上述种种情况直接导致了文物文化资产管理过程中出现的问题难以及时发现，进而造成处理问题的时间滞后。

（五）人员配备不足，缺乏专业管理人才

文博单位文物文化资产管理离不开实物管理部门和财务部门的共同努力。实物管理部门和财务部门的管理水平、专业水平直接影响着文物文化资产管理的有效性。由于文博专业不是热门专业，故通过专业培养的人员数量无法满足快速发展的文博单位对人才的需求，导致巨大的人才缺口。同时，基层文博单位专业技术人员的素质参差不齐，业务能力差别较大，有经验有阅历的研究人员较少，大部分人员缺乏专业培训。同时部分财务人员专业技术水平不高，有些单位的财务人员为非财务专业的人员，甚至没有独立的财务部门，财务工作往往挂靠在办公室或综合处，文物文化资产的核算能力和账务处理能力有待提高。比如对文物文化资产的概念界定不明确、对新的《政府会计制度》理解不到位。上述种种现象直接导致了文物管理队伍自身建设明显滞后，不能完全适应事业发展的需要。

（六）文物文化资产信息化建设滞后

随着科学技术的迅猛发展，文物资产管理信息化缺乏顶层设计，文物藏品管理系统建设滞后、藏品管理系统功能单一，缺乏数据分析功能。一些文博单位虽然号称已经开始了信息化管理，但也仅仅能够提供查询功能，即实现了从传统的手工记

账模式向借助于计算机系统进行数据录入的转变，既不能对单位库存的文物文化资产进行分类归纳整理，又不能反映出文物文化资产存放、调拨的动态数据，在实质上并没有提高文物文化资产的管理水平，未能充分发挥资产系统应有的作用。对于文物文化资产，财政部门也没有像对固定资产、无形资产那样要求将变动情况录入行政事业单位资产管理系统及按年度进行国有资产产权登记审计，只是要求按年度报送全国文化文物和旅游统计直报，但年报中也只是简单的按照文物级别进行了数量统计，未能动态化地反映资产来源、增减量等信息，且每年报送的国有资产年报中亦要求报送文物文化资产的相关内容，这与全国文化文物和旅游统计直报相重复。造成上述现象的原因主要有以下两点：一是文物文化资产管理信息化建设缺乏全局意识，缺乏整体的设计思路，没有深入挖掘文物文化资产管理的统计分析功能；二是文物文化资产管理经费不足。目前很多文博单位文物文化资产保护修复及信息化建设经费紧张，导致信息化建设进程缓慢，无力进一步开发更高层次的软件系统。

二、文博单位加强文物文化资产管理的建议及对策

（一）完善资产入账价值，细化后续支出

1.完善资产入账价值规则，合理评估文物价值

对于已入账的文物文化资产，取消名义金额并及时调整账面价值，定期对本单位的文物文化资产进行评估，理念类似于公允价值模式下的投资性房地产，增值部分及时入账，力求真实反映文物资产价值。对于接受捐赠及无偿调入的文物文化资产，如果原单位有该资产的账面价值，则按照政府会计制度的要求进行账务处理；对于在原单位没有价值记载的，调入

方或接受捐赠方可先在本单位备查簿中登记，待可靠获取入账价值时再计入文物文化资产科目。但此种做法会造成大量资产只在备查簿登记，无法在资产负债表中予以反映，致使账外资产长期大量存在，资产的数量、价值不能真实反映，因此文物文化资产的计量还是应该尽量遵循凭据注明的金额、评估价值及市场价值，避免出现在备查簿登记。此外，由于名义金额不能准确反映资产的真实价值，资产信息的失真使资产负债率等经济指标不能真实反映财务状况，进而会导致单位决策失误。故笔者认为，随着信息化程度的提高、计量手段的不断进步，名义金额计量属性终将退出历史舞台。

2.细化后续支出，提升信息的真实性

文物在入藏后，为满足研究、展览展示等目的，应定期对其进行维护修缮与保养。针对文物文化资产自身的特点，在保护修复项目完成后，应由文物鉴定专家根据项目方案进行验收，如果确定达到了延长文物可使用寿命或者品质提升等预期效果，由专家出具鉴定报告，财务部门根据报告对该项目中发生的修复或保护支出进行资本化账务处理，否则作为费用化处理。而对于防潮、防霉、防虫等日常基本维护发生的支出应作为费用化处理，不计入文物文化资产成本。

（二）建立健全文博单位文物文化资产保险制度

首先各单位要及时对安保系统进行升级与完善，提高工作人员的素质与责任心。其次建议建立专项资金，纳入预算统一管理，由政府每年拨付专项资金用于博物馆文物藏品的保险工作，并制定相关制度，也可吸引民间资本参与到博物馆藏品的保护工作中去。目前国内文物藏品的投保工作还存在许多现实问题，而这些问题并非三言两语就能解释清楚的，因此处理问题时要具体问题具体分析。以上只是笔者对于馆藏文物保险的一些粗浅认识，更深入的细节问题还需后续做细致的分析。

（三）丰富完善内控制度建设

在建设文物文化资产管理体系时，要重视对内控环境的优化、对组织结构及制度体系的完善。具体工作中，首先，要充分了解文博单位在文物资产管理方面的需求，进而优化藏品出入库、文保、盘点、处置等流程的岗位控制，完善库房管理、安全保卫、文物保管、文物修复等管理办法，对文物保管、科学研究、宣传教育等方面的工作进行科学管理，各部门相互配合，增强全局观念，形成有效的管理闭环。其次，文物资产管理工作需要提高监督部门在资产管理过程中的独立性，防止受到外界因素的影响，不能充分发挥其监督职能作用。最后，及时完善文物文化资产管理绩效考评细则，将考核结果与部门及个人的年度绩效相关联，由监督部门撰写绩效评价报告，分析文物文化资产管理方面存在的问题并完善管理制度。通过良好的内控环境，不仅能够提高文博单位文物资产管理工作的效率及质量，加强文物资产的安全保护及财务信息真实可靠，也能够进一步降低人力资源的浪费，使文博单位文物资产管理的整体效益得到提升。

（四）健全文物文化资产清查盘点制度，丰富清查盘点方式

针对文博单位文物文化资产数量庞大、清查难度大、盘点工作往往流于形式的特点，2021年3月发布的《国有文物资源资产管理暂行办法》（财资〔2021〕84号）将文物文化资产清查规定为："可以根据工作需要开展文物资源资产清查，清查工作可参照《行政事业单位资产清查核实管理办法》（财资〔2016〕1号）执行。"这一规定比新制度中对其他类型资产所提出的"至少每年盘点一次"更贴近实际。建议按照重要性原则，由资产实物管理部门采取定期与不定期、普查与重点清查相结合的方式制订清查盘点方案，例如对于一级、二级、三级珍贵文物，可定期对其进行重点清查，而对于一般文物，可按类别不定期清查，定期核对文物文化

资产实物账与财务账，确保账账、账卡、账实相符。同时可充分利用建设智慧博物馆的契机，采用电子标签等科技手段进行清查。文物资产不同于其他资产，需要管理者拥有多学科的知识技能，文博单位应鼓励资产管理人员提高文物分类管理技能，从这件文物是什么入手，能够将账面名称与实物进行匹配。此外，财务人员也应当尽可能多地掌握相关文物基础知识，从而保证资产盘点质量。最后，加强审计监督，综合开展内外部审计及单位领导经济责任审计等工作，利用审计监督机制弥补资产管理方面的一些漏洞。

（五）强化队伍建设，加强资产保管员和财务人员专业素质

2019年11月，人力资源和社会保障部、国家文物局印发《关于进一步加强文博事业单位人事管理工作的指导意见》，强调要规范文博单位人事管理，创新用人机制，强化工作人员的能力建设，这为文博单位的用人指明了方向。从财务管理角度看，既有财务知识又有文物管理能力的人才非常缺乏，故文博单位应加强对财务人员的学习培训，在动员鼓励财务人员加强制度学习、强化会计人员继续教育、确保文物文化资产真实准确核算的同时，还要使其了解文博行业的基础知识，能够判断文物基本属性，从而可以对文物文化资产更好地管理。文物资产保管员也要不断提高自身的专业水平和工作能力，积极参加上级部门组织的相关培训，及时补充新知识、新技能，增强责任意识，做好本职工作。最后，文博单位应当把好人员入口关，将职业道德修养与专业胜任能力作为选拔和聘用人员的标准，确保资产管理岗位的工作人员具备胜任工作的资格与能力，尽快建立一支既有理论知识、专业技能，又能团结协作、踏实肯干的高素质文物管理队伍。

（六）加快提升文物文化资产信息化管理水平，建立健全管理体系

随着信息化技术的不断推进，文博单

位应充分利用信息化手段不断创新文物文化资产的管理方式。为方便统计各单位的资产情况，可建立一个专业的网络平台，将文物文化资产的具体信息（如年代、版本、级别等）及增减变动情况予以录入，分类归纳整理便于日常查询。在系统搭建上可借鉴全生命周期管理的理念，从文物文化资产的采购（征集）环节开始，在鉴定、维护、修复、处置等各个环节通过系统进行动态化的管控，同时建议在行政事业单位资产管理系统中对文物文化资产的增减变动情况予以反映，国有资产年报中文物文化资产报表与全国文化文物和旅游统计直报二选一进行报送，丰富文物文化资产年报的内容，可通过建立文物文化资产管理系统与行政事业单位资产管理系统、全国文化文物和旅游统计直报系统的接入端口予以实现，做到资源共享，各系统之间互联互通，这样既可以减少不必要的重复工作，提高资产管理人员的工作效率，又可激发其工作的主动性，使其从重复烦琐的事务中解脱出来，将更多的时间与精力放在资产管理的关键环节上，更好地促进文物文化资产科学有效管理。

三、结语

文物文化资产是重要的国有资产，是历史的"根"与"魂"。加强文物文化资产的管理，有效地建立资产内部管理控制措施，摸清庞大的文物文化资产家底，保全国有资产安全，促进文物文化资产的有效保护和有序利用。作为财务管理人员，应从精细化管理着手，从国有资产保值增值着眼，转变管理理念与方法，规范管理细则，从多方面提高文博单位文物文化资产管理工作的效率与质量，为文博单位的可持续发展作出贡献。

（作者单位：北京市文物局综合事务中心）

北京中轴线非物质文化遗产项目分析研究

张 磊

北京中轴线是中国古代建筑和历史文明的结晶，是皇权、礼制的最高象征，它与人文完美的交融和发展，成为北京乃至中国历史发展的物质遗产和文化遗产。其700余年的人文历史、社会活动，亦成就了北京中轴线的历史文明和传统文化。北京中轴线上的非物质文化遗产，也是其重要的组成部分。本文以东城区在永定门至前门大街南中轴线非物质文化遗产项目为例，对中轴线非物质文化遗产（以下简称"非遗"）进行分析。

一、中轴线传统文化非物质文化遗产项目现状

北京中轴线自元大都建城至今的700余年间，历经沧桑，筑成了南起永定门，北经正阳门、天安门广场、故宫、景山，以钟楼、鼓楼为终点，全长约7.8千米的宏大建筑群（图一）。有形的物质遗产成为了

北京中轴线非物质文化遗产的载体，散布在绵延近8千米的中轴线内外无形活态的非物质文化遗产构成了北京活的血肉，"京味儿"的活色生香，有温度、有情感的北京中轴线的灵魂。恢宏庄严的中轴线建筑与生存其间的非物质文化遗产一道，共同构成了一个完整而立体的北京。[1]对非物质文化遗产的保护利用，同样是北京中轴线文化遗产保护至关重要的一部分。

（一）非物质文化遗产及中轴线列入各级非遗名录现状

"非物质文化遗产"指被各社区、群体，有时是个人，视为其文化遗产组成部分的各种社会实践、观念表达、表现形式、知识、技能以及其相关的工具、实物、手工艺品和文化场所[2]。北京中轴线贯彻核心功能区，是北京传统文化和商贾汇集之地（图二），至今留存在这里的众多老字号和社区文化现象，已经被列入各级非物质文化遗产名录。

图一 北京中轴线航拍图（局部）

图二 北京中轴线重要商业区——前门大街

中轴线所涉及的非遗项目主要集中在东城区和西城区，数量都十分可观。有统计显示，截止到2018年5月，西城区经过认定的三级非遗保护项目208项，其中，国家级36项、市级67项、区级208项，三级代表性传承人316人，其中，国家级29人、市级81人、区级206人；东城区列入非遗保护名录的共有157项，其中，国家级项目31项、北京市级项目61项；代表性传承人407人，其中，国家级49人、北京市级87人、东城区级271人。

（二）非物质文化遗产是中轴线传统文化的代表

非遗项目中有不少都与中轴线及其延展区域有关。比如，西城区的区级非遗项目"北京建城传说"、市级非遗项目"大栅栏五斗斋高跷秧歌"、国家级非遗项目"天桥中幡"等；东城区的区级非遗项目"面人曹面人制作技艺"、市级非遗项目"京式旗袍制作技艺"、国家级非遗项目"金漆镶嵌髹饰技艺"等。这些项目承载着北京人对中轴线肇始和修建过程的集体记忆，反映了北京旧城生活中宫廷文化与民俗文化密切互动的特点，是中轴线文化和市民生活的活的承载体。

已经被列入国家级非物质文化遗产代表性项目名录的民间文学类作品如"天坛传说"、被列入北京市级非遗名录的"前门的传说"、被列入东城区级非遗名录的"崇文门的传说"等；传统

音乐类有被列入国家级非物质文化遗产代表性项目名录的"神乐署中和韶乐"等；体育、游艺与竞技类的有被列入东城区级非遗名录的"宝三跤场跤艺"等；曲艺类的有"数来宝""京韵大鼓"等；传统美术类的有被列入国家级非物质文化遗产代表性名录的"北京宫灯""北京玉雕"等；传统技艺类有列入国家级非物质文化遗产代表性名录的"便宜坊焖炉烤鸭技艺""全聚德挂炉烤鸭技艺""都一处烧麦""月盛斋酱烧牛羊肉制作技艺""东来顺涮羊肉制作技艺""京作硬木家具制作技艺（龙顺成）""剧装戏具制作技艺""吴裕泰茉莉花茶制作技艺"，还有众多被列入市区级非遗名录的"壹条龙清真涮羊肉制作技艺""天兴居炒肝制作技艺""隆庆祥传统西装制作技艺""庆林春小叶茉莉花茶制作技艺"等；传统医药类的有被列入国家级非物质文化遗产代表性名录的"同仁堂中医药文化""安宫牛黄丸制作技艺"，以及"同仁堂阿胶传统制作技艺""长春堂闻药"等；民俗类有"前门上元灯会"等。

永定门至前门大街沿线拥有老商业街、众多老字号，这里的娱乐消遣、人情交往、问诊抓药等生活的方方面面，从过去到现在，都是北京城市市民生活的重要组成部分。"我们保存着对自己生活的各个时期的记忆，这些记忆不停地再现；通过它们，就像是通过一种连续的关系，我们的认同感得以终生长存"。③北京中轴线是文化载体，是文化记忆场景再现的最佳场所。而这些非物质文化遗产项目使北京中轴线成为有生命的活态文化遗存，这种文化传承的魅力与无声的文物一样富有价值，值得珍重和保护。

文化遗产没有了血肉和灵魂就失去了传承的意义，当前，在实施中轴线文化遗

产的保护利用中，加强对传承和完善中轴线传统文化的研究，尤以活态的非物质文化遗产的挖掘、整理、保护、研究及传承是不应忽视的重要内容。

二、充分认识中轴线传统文化中非遗项目研究推广中存在不足

一是中轴线非物质文化遗产项目的研究保护推广中品牌意识分散。实践中，中轴线的非物质文化项目虽然众多，但区块间、项目间、开发利用中等等方面不协调、力度分散、管理多元化、研究保护推广的标准存在各异，导致中轴线非物质文化遗产研究、利用、推广能力相对滞后，非遗项目的特色不强，对中轴线非物质文化遗产项目应用的效用相对较低，推广转化力度、开发利用持续化、特色化存在相对不足；致使参观游览者无法对中轴线非物质文化遗产项目有清晰、统一的品牌认知。

二是中轴线非物质文化遗产在旅游开发过程中没有做足、做好特色，没有就其本身的建筑规范、历史意义、代表形象进行深度挖掘，而仅仅是以日常的、随意的民俗摆放展览为基础形式，文明和生活品位的感染力较低。这样的推广及展览，虽然在探访未知的领域上能一定程度地吸引游客，但是总体上，缺乏对北京文明历史、中轴线非物质文化遗产准确的体现，无法加持中轴线非物质文化遗产品牌特色。

三是中轴线非物质文化遗产开发应用特色化商业推进不足，没有构建基于其遗产本身建筑特点的旅游项目开发，例如，缺乏结合建筑文化内涵开展的项目展演、特色服饰展示、特色玩具模型创新展销、皇家及民俗生活体验等延续至今的文明礼教思想等传统文明活动。无法带给参观旅游的人们深邃的耳目一新的文明感受，极易流于平庸，可能导致中轴线非物质文化遗产传承和发展欠缺精神的意义。

三、非物质文化遗产展示是讲好北京中轴线故事的重要表现形式

北京市文物局局长陈名杰曾表示："要大力推动中轴线申遗，打造国家文化遗产保护的标杆，以此为牵引保护北京老城整体格局，彰显平缓开阔、壮美有序的空间秩序。既要注重历史文化，又要注重现代生活，使北京老城焕发新的生机。"原故宫博物院院长单霁翔也曾表示，讲好中轴线故事，不但要保护和展示城市历史遗存，展现文化价值，更要吸引民众知晓、参与、监督、受益，共同推进文化遗产更好地传承下去，让文化遗产在更大范围活起来、动起来、响起来，这既是对文化遗产活化利用的模式探索，也是文化创新发展融于在地群众的实践路径④。

重视北京中轴线非物质文化遗产传承，已日渐成为有关部门、专家学者的共识。传承和完善中轴线传统文化探讨与研究，有以下几方面供商榷。

（一）政府主导，统一政策和措施

2022年的北京市政府工作报告中指出，要做到："彰显历史文化名城厚重底蕴。推动出台中轴线文化遗产保护条例，积极推进中轴线申遗，带动老城整体保护。统筹'三条文化带'建设，落实长城、大运河国家文化公园建设保护规划，推进琉璃河、路县故城考古遗址公园等工程项目。促进非物质文化遗产和老字号传承发展，留住城市历史文脉。"由此可见：

1. 在市政府的统一政策指导和要求下，东城区商务局积极配合区文旅局等部门开展好非遗挖掘保护工作。

一是在研究编制《东城区老字号传承发展三年行动计划》等文件中加入非遗传承保护等内容。鼓励区内老字号企业申报市商发资金相关支持。二是大力宣传各系统对非遗传承保护的各项工作和活动，组织老字号企业积极参与《北京志·非物质

文化遗产志》等非遗保护工作，鼓励老字号企业加强对非遗项目和传承人的挖掘和保护。

2.共享历史信息，统筹全局与区域、个体的关系。为了进一步使中轴线非物质文化遗产构筑一个完整的历史信息链，有必要通过各种措施完善中轴线非物质文化遗产保护要素信息。

一是统筹中轴线非物质文化遗产的保护与中轴线非物质文化遗址周边的历史建筑保护。在保护方式、保护区域及推动保护政策一体化方面形成有机循环的整体，形成同频共振的保护措施，有助于全面强化中轴线非物质文化遗产的保护性恢复和整个遗产保护的搭配协调。

二是统筹推动中轴线非物质文化遗产的保护利用与中轴线文化遗产周边区域的民生事项有机结合，构筑以中轴线非物质文化遗产为基础的历史文化展览区，将周边的历史文化街区，如四合院、胡同、街区与中轴线非物质文化遗产的规划形成一个主体，允许非物质文化遗产周边人员开设各类旅游文化商店，品牌化餐饮等，在非物质文化遗产保护中，使得其能够带动周边民生生活，有效地促进了中轴线非物质文化遗产文化历史信息要素的构建。与此同时，也推动古建筑在当今再次焕发活力。

三是统筹中轴线文化遗产完整的文化内涵，配置历史信息解读装置，做到文化内涵统一，屏蔽低俗野史的影响；解读装置开发应用把握系统的全面与个体的关系，避免因非物质文化遗产所有关系不同带来的单打独斗或产生相互阻碍。如可应用3D全息影像或3D影视动画，以及VR设备，让参观者佩戴相关设备，游览中产生亲临其境的感觉，从而强化中轴线非物质文化遗产历史保护信息的思想烙印。解读装置可囊括中轴线物质遗产和非物质文化遗产（重点）整体发展、历史修复过程及朝代更迭变化等信息，同时兼顾个体非遗项目，形成要素间的整体与个体的有机结合。避免不同体制、不同组织、不同

非遗项目所有权间各说各的、相互不搭、文化传承脉络不清、传统文化和创新与时代主体不相适应、传统文化低俗化展现等问题。

四是统筹非物质传统文化宣传途径或路径。发挥图书出版传承文化遗产记忆的积极作用。2022年初，北京出版集团出版的《北京中轴线文化游典》一套16本正式上市发行。该丛书由18位作者从16个不同选题展示了中轴线文化，其中，《技艺》一册为非物质文化遗产专著。该书由永定以北、天桥绝活、前门味道、佳肴名号、精工美饰、济世养生、天街年市、巧匠重器和鼓楼南望等9部分组成。从中轴线南端的国家级非遗代表性项目——龙顺成京作硬木家具，至北端钟鼓楼处萦绕数百年的北京鸽哨声，汇集了北京中轴线上的40个非遗项目，从项目的历史发展、技艺传承和人文风俗等方面进行描述。

（二）加强理论研究与开展民俗活动相结合，推进非遗项目深入居民文化生活

1.加强非物质传统文化的研究，协调和倡导研究人员发挥作用，探寻非遗项目活态传统文化传承政策、目的、意义、传承方法手段，传承传统文化在现实生活中的体现内容、形式，以及人们对传统文化的文化需求和时代感。传承需要创新，不仅仅是把传统文化拿过来而已，而是要适应时代发展。传承北京中轴线非物质传统文化，需要将非物质文化的精髓反哺于呈现，并上升到民众的精神享受层面，成为时代需要的北京时代文化。如加强传统中医药理论研究，科学化、国际化；加强传统饮食理论研究，既要科学膳食，又要文明用膳；加强传统技艺理论研究，增强时代感，民族自豪感；加强民俗研究，探求民俗成因，提炼文明元素，弘扬民俗精神等（图三、图四）。

2.积极开展非遗活动，享受非遗成果。2017年3月，一部取材自非物质文化遗产项目——宝三跤场跤艺的原创话剧《摔出一片天》在天桥艺术中心小剧场连演5场，将天桥绝技再次带回天桥。

图三　非物质文化创新项目"非物质文化遗产与一带一路协同发展'七夕'会"

图四　非物质文化遗产项目"北京扎燕风筝"传承人向儿童授课

这部话剧自2016年在东城区原创戏剧展演季推出后，深受观众好评。北京电视台、北京广播电台等媒体对演出进行了报道。由非遗工作者编创的《前门人家》《同仁堂的传说之济世名言》《炒肝》等一系列非物质文化遗产题材舞台剧目陆续搬上舞台，使观众在文化消费中体验到非遗文化的独特魅力。此外，曾是北京城元宵节期间最热闹节日民俗活动之一的前门上元灯会， 2011年恢复举办时，也引起社会广泛关注。

四、结语

活态非物质传统文化是北京中轴线上的优秀文化遗存，具有持久、独特的魅力，与当地居民生活紧密相连。做好非物质文化遗产的保护、传承与传播，必将对中轴线申遗工作产生良好的推动作用，对传承中华民族优秀文化，弘扬首都文化、古都文化、京味文化起到不可替代的作用。

①杨利慧：《中轴线上的非物质文化遗产》，《北京观察》2019年第1期。

②北京市文化局：《北京市非物质文化遗产保护条例立法调研资料汇编》，北京市文化局，2016年。

③[法]莫里斯哈布瓦赫著，毕然、郭金华译：《论集体记忆》，上海人民出版社，2002年，第82页。

④蒋肖斌：《北京中轴线申遗，大众要知情、监督、参与、享用》，《中国青年报》2021年第12期。

（作者单位：北京中轴线遗产保护中心）

综合类博物馆文物保护理论、实践与思考

——以首都博物馆为例

赵瑞廷

综合类博物馆珍藏有各种类别的可移动文物，是综合展示该地区自然、历史、艺术方面藏品①的地志博物馆②，文物藏品是其核心要素，收藏、保护、研究、展示文物藏品，是其基本功能。文物是有寿命的，在品类繁多的藏品中，文物由于其脆弱性、偶发性和不可再生性等特点，区别于其他藏品，需要被特殊保护。许多文物藏品由于年代久远和出土前受埋藏环境的影响，在进入馆藏之前其自然属性可能已经发生了不同程度的变化，部分历史、艺术和科学信息随之衰减，进而影响到博物馆的保存、研究和传播教育功能的实现。如何保护好这些文化遗产，事关博物馆的重要职责所在③。2015年2月9日国务院发布的《博物馆条例》，强调了博物馆藏品保护的重要性，目的就是将人类宝贵的文化遗产保护好、展示好，让文物益寿延年。

近百年来，文物保护从理论到实践，经历了不断发展与创新的过程。随着自然科学快速发展及技术手段不断提高，文物保护理论日臻成熟，实践活动稳中有进，但也存在文物不当保护修复造成的二次破坏现象。本文以文物保护为主题、从文物按材质分类入藏或展陈的必要性、博物馆各环节文物保护的措施及要求等，以首都博物馆实践工作为例，期望对文物保护工作有所裨益。

一、博物馆文物保护

不改变文物原状、最小干预、适度防护、可识别性、可逆性，以及保存文物原有形制、结构、材料、工艺等，尽可能多地保留文物的历史信息，并且能把这些原则实际应用到保护措施中，是文物保护的原则④。文物保护是针对文物损坏原因及机理所做的应对，日本博物馆学家岩崎对藏品损坏原因进行过总结⑤。文物保护包括：文物预防性保护、文物一般性保护（整理养护、除尘除垢等）、文物修复。

（一）文物预防性保护

预防性保护是文物保护的重要内容，是文物保护的基础和前提，类似于防火、防病。防火重于救火、防病重于治病。保管、展示或暂存于博物馆各环节的文物，预防性保护是重要、有效、基础性的工作，除包括环境控制层面等技术因素外，还包括管理层面和社会层面等因素，目的是评估博物馆藏品的风险，采取必要的风险管理措施和方法，从而避免或减少藏品未来受损或退变，如领导决策、经费长期投入、博物馆选址（室外环境）、博物馆建筑材料选择（绿色、环保、坚固、耐用等）、博物馆大环境、展厅库房小环境、展柜囊匣微环境等。就其技术层面，包括累积性风险因素、事件性风险因素及风险管理的应用研究。

1. 累积性风险因素：博物馆室外环境（远离工厂，不易发生水、滑坡等灾害，地质结构稳定，交通便利等）、博物馆建筑空间大环境（如密封性、中央空调等）、小环境（库房、展厅）、微环境（展柜及储藏柜：恒温恒湿洁净、稳定防振性能；包装盒或囊匣及其材料如无酸纸、防挤压、防摔、防振）等。

2. 事件性风险因素：文物运输工具、安全保卫措施（盗窃及恶意破坏等）、自然灾害预防（地震、火灾、水灾）、战争等。

3. 风险管理的应用研究：过程控制模型、风险评估模型、风险管理评估标准。

（二）文物一般性保护

包括文物整理养护、去尘除垢等，原则是不伤及文物本体，如对纺织品文物的平整去褶处理等、字画文物除尘、金属文物去离子水清洗等。文物一般性保护、养护有别于文物修复，即使对于珍贵文物，文物一般性保护、养护可不按照相关规定制订修复方案、论证并报上级机构批准。养护多用于文物上展前的养护整理（养护操作可记录于文物提取出入库档案），也包括展陈中脆弱文物（如有机类文物）的休展期养护。

（三）文物修复

《中华人民共和国文物保护法实施条例》中对可移动文物尤其是珍贵文物的修复从法律层面进行了详细的规定[6]。文物修复相当于消防机构对已发生火灾的扑灭救治，或医疗机构对患者的手术治疗，不可避免、不同程度地会触及文物本体，是文物保护工作中迫不得已且重要的手段。缺乏科学依据、论证、不恰当的文物修复易造成文物的二次损伤或破坏。因此，国家从法律法规、行业规范等方面做出严格规定：修复馆藏文物，不得改变馆藏文物的原状；复制、拍摄、拓印馆藏文物，不得对馆藏文物造成损害[7]。为进一步加强可移动文物修复管理，提高可移动文物修复的科学性和规范性，根据《中华人民共和国文物保护法》和《〈中华人民共和国文物

保护法〉实施条例》，制定了《可移动文物修复管理办法》。管理办法再次强调，修复可移动文物应当坚持不改变文物原状原则，全面保存和延续文物的历史、艺术、科学的信息与价值，将科学研究贯穿于修复的全过程，应认真执行文物修复操作规程和相关技术标准，采用先进、适用的技术手段和有效的管理方法，确保修复质量。可移动文物修复包括价值评估、现状调查、病害评测、方案编制、保护修复实施、效果评估、档案建立、预防性保护等活动。可移动文物修复应由取得可移动文物修复资质的单位承担。具备可移动文物修复资质的单位，对修复人员人数、修复人员实际从事修复工作的时间、职称以及修复珍贵文物的数量等方面都有具体要求。工作场所和技术设备应满足规定的标准条件和功能[8]。有健全的管理制度和质量管理体系[9]。国家文物局相关行业标准还规定，修复方案要对文物价值、文物现状、文物病害及病害原因等进行准确分析；检测分析数据可靠；修复技术指标清晰明确，技术路线合理，方法步骤科学；修复材料具有无损性和可逆性；工作计划安排合理；后期日常养护措施建议合理[10]。

因此，传统文物修复、商业用途的文物修复、博物馆文物修复、考古现场应急性文物修复等，都必须符合国家规定的文物保护修复相关规定。对于我国传统文物修复、商业用途的文物修复应采用"扬弃"的思维进行深层次思考，既要继承和发扬传统文物修复实践得出的宝贵经验，也要摒弃其中不符合文物保护修复原则的成分，类似于"中医中药、西医西药"，实施和制订出科学合理"中西医药"结合的文物诊疗方案。近几十年，我国文保修复专家在这方面已经取得诸多成绩，文物修复成为不断应用科学思想、结合古今中外、吐故纳新，随着自然科学技术不断发展进步，不断采用新技术、新材料，与时俱进、永无止境的过程。

二、基于保护需求的文物材质分类存放

博物馆库房存放文物、展柜展陈文物按材质分类放置是预防性保护的前提，是文物风险管理的基础工作，目的是对不同材质的文物进行精准的环境控制（如温湿度），防止或延缓文物劣化。我国文保科技专家王蕙贞就提出：从文物科技保护尤其是文物预防性保护的角度，对于不同质地的文物，必须将其分门别类地保存在最适宜的环境中，才能方便文物的保护与修复[⑪]。

文物分类方法多样，如按照时代、存在形态、质地、功用、属性、来源等。中华人民共和国文物保护行业标准《馆藏文物登录规范》根据博物馆文物藏品给出了分类及名称[⑫]。

根据材质，文物可分为有机和无机两大类别（参照有机物与无机物通用定义）。

（一）有机类文物

书法、绘画、古籍善本、碑帖拓本、档案文书、文件（大部分）、宣传品（大部分）、钱币（纸质类）、竹木漆器、竹木家具、牙骨角器、文具（部分）、玺印符牌（部分）、有机宝石器、织绣纺织品等。

（二）无机类文物

可分为非金属和金属类无机文物：

1.常见非金属无机类文物

无机宝石器、玉器、石器、石刻、瓷器、玻璃器、珐琅器、陶器、砖瓦、壁画、文具（部分）、玺印符牌（部分）等。

从利于文物保护的角度出发，按照化学性质，非金属无机类文物还可以细分为：无机非金属单质类文物（如钻石）、无机非金属酸性无机盐类文物（如玛瑙）、无机非金属碱性无机盐类文物（如透闪石和田玉）、无机非金属中性无机盐类文物（如天然石膏）。

2.常见金属无机类文物

单一质地，又可分为活泼金属类、不活泼金属类及惰性金属类：铝器、锌器、铁器、锡铅器（以上为活泼金属类文物）；铜器、银器（以上为不活泼金属类文物）；铂金器、金器（以上为惰性金属类文物）。

至于钱币（金铂银铜铁等）、文具（部分）、玺印符牌（部分）、其他金属器等，虽然属于金属类文物但又按照功用法分类，不再赘述[⑬]（青铜器、铁器、金银器、锡器、铅器、玻璃器保存或展示时，相对湿度越低越好）。

（三）材质复合类文物

复合质地文物指由两种或两种以上不同材质的材料，通过物理或化学的方法，在宏观上组成复合材料的文物。复合质地文物分为无机复合质地、有机复合质地、有机无机复合质地文物三类，从预防性保护角度来说，第三类文物保护难度较大。

金属（锌、铁、锡、铅、铜、银、金等）、非金属（玉、石、玻璃、瓷等）、有机物为一体的混合类藏品或文物，近现代居多（如革命文物等）。由于一件文物材质多样，材质寿命差别很大，独立空间保管时相对湿度的选择成为难题。可从两方面预判：首先考虑较为脆弱（如有机质、活泼金属的角度）材质保管保藏条件作为该文物预防性保护保管的条件。其次判断组成文物的不同材质在体现该文物价值中所起的作用，起主要、重要作用的材质作为优先考虑。当然，对于非单一材质的藏品，其保存条件最终应结合多学科知识、不断采用新科技，通过科学实验确定。如低氧充氮库房保管保存珍贵文物、革命文物（如中国人民军事博物馆馆藏的第一代国家领导人的轿车），就能够发挥很好的作用，尤其是防止复合类文物氧化劣变效果显著（前提是有一定的造价、成本，保管人员需要具备一定专业知识）。对于难以选择的相对湿度问题，建议选择有机类文物的下限与无机类文物上限的平均值（如45%—50%）。

三、博物馆不同区域内文物的保护措施及要求

博物馆文物分布于如下环节：库中保管保存、展厅展陈（常设展、临时展）、技术部门文物保护修复（包括出土文物整体搬迁室内进行的考古发掘保护）、文物借出借入、藏品文物征集等。不同区域内文物所处环境是文物保护考虑的重要因素。

博物馆建筑物内的空气污染物，除室外空气污染物进入之外，因建筑材料、装修材料、藏品储存设备材料、陈列辅助材料等含有挥发性有害物质，导致博物馆室内空气污染加剧的现象已引起博物馆界的重视。展陈柜、文物柜内使用化学纤维材料（如展柜用展布，经过防火处理后，释放二氧化硫较多）、胶合板材及装饰涂料所挥发的有害气体，在库内、柜内的微环境中浓集，直接危害藏品[⑭]。

从首都博物馆文保实践来看，展厅与库房内独立设置的空调（含供湿的蒸汽锅楼），冬夏季控温控湿、空调过滤系统净化洁净空气，发挥着重要作用，是实现展厅展柜内、库房文物储存柜及文保特殊区域（书画、纺织品保护修复岗位）内环境达标的重要保障。

（一）文物库区

文物库房是博物馆保管存放文物数量大且集中的地方，是专设的藏品收藏、管理的房间、通道等建筑空间的总称，由分离设置的主库区和库前区组成。文物库房的设计与建设的技术指标，应符合《博物馆建筑设计规范》（JGJ 66-2015）、《文物系统博物馆风险等级和安全防护级别的规定》（GA 27-2002）》等相关行业标准。

藏品应按材质类别分间储藏，是藏品库区保存藏品的基本规定[⑮]。首都博物馆文物入库上架原则的第一条就是"按照文物藏品质地分类存放、确保文物保护的要求"[⑯]。博物馆库房存放文物按材质分

类是实施文物预防性保护的前提，目的是对不同材质的文物进行精准的环境温度、湿度控制。当然，藏品保存环境的温度、相对湿度及其变化幅度的限值还与藏品原生环境、当地的气候、馆址的地理条件等因素相关（如新疆小河墓地出土的女性干尸等），单位时间内温湿度波动范围符合要求是另一重要指标（稳定或波动越小越好）。目前学界对藏品保存的温度、湿度控制标准还存在不同意见，联合国教科文组织、国际博协、各国的标准也不尽相同。我国一般以国家文物局2003年《博物馆藏品保存环境试行规范》（征求意见稿）的有关规定执行[⑰]。

库房内不同材质藏品保存环境的温度，相对湿度，污染物如甲醛、苯类物质（苯、甲苯、二甲苯）、氨、TVOC、臭氧、二氧化硫、二氧化氮、二氧化碳、可吸入颗粒物（硫酸盐、硝酸盐、氯化物、细菌微生物、病毒等），光线等标准，《博物馆建筑设计规范》（JGJ 66-2015）有详细规定，不再赘述。

对新建博物馆库房的设计，如下环节值得关注：其密封性是保障恒温恒湿的前提，也是防虫、防潮、防尘等的保障；精密空调保持库房内适宜的温度、空气的洁净，蒸汽锅楼可提供必要的湿度（尤其对于北方地区博物馆）；库房的初次使用，必须对其环境进行消毒（虫、虫卵、霉菌等有害微生物），定期采用喷洒药剂（菊酯等类物质）、臭氧消毒熏蒸、超声波驱虫驱鼠等；初次入库的有机类文物（纸质、织物类文物），须熏蒸消毒（如环氧乙烷）；存放有机类文物的库房，适量放置天然樟脑成分的药丸或采用天然樟木板柜架，确有必要，之所以要强调天然，是由于人工合成樟脑副成分多，会影响保管人员健康，即使天然也需适量也是基于同样的考虑。对于存放无机材质类文物的库房，则没有必要放置樟脑。

1. 文物（藏品）主库区

包括入库风淋间、文物库、周转库

（为暂时存放已提陈出库待使用、外展，或是已使用、外展待入库的藏品而专设的房间）、缓冲间（为对温湿度敏感的藏品入库前或出库后适应温湿度变化而专设的房间）、低氧充氮库房（存放材质复合类或易被氧化劣化珍贵文物的库房，具有部分杀虫、灭菌功能）等。

2.库前区

一般包括库前更衣间、暂存库（库前区内为暂时存放尚未清理、消毒的藏品而专设的房间）、文物观摩室、文物摄影室、包装技术工作间、总账室等。

3.熏蒸消毒室

指用气化化学药剂熏蒸的方法对藏品进行杀虫、灭菌的专用房间，综合类博物馆常需设置。通过首都博物馆工作实践，熏蒸消毒室最好设置于主建筑外且同时满足文物库房、危化品存放等条件的单独建筑，不宜设置于主库区或博物馆主体建筑内。

首都博物馆主库区使用面积7000多平方米，文物库房25间，每间平均面积200多平方米。基本实现按照材质分类存放的要求，但仍需要改进。如民俗库、近代史库等仍然存在不同材质藏品混藏的现象，造成了湿度控制的矛盾，只好采纳相对湿度控制为45%—50%，今后的分类存放工作虽然艰巨，但势在必行。另外，首都博物馆后期建设的低氧充氮库房（同时可以精准控制相对湿度），是解决珍贵文物、材质复合类文物存放难题的现代科技手段，在具备资金、技术力量的前提下值得应用。

（二）展览展陈

博物馆展线上展陈的文物数量仅次于库房保管的文物，展出的文物一般具有典型代表性，珍品、精品居多。展厅或展柜中的文物，面临展厅开关（密封性差、开关时环境差异性大）、观众参观（温湿度、光照等变化）、展厅装饰装修释放的污染物、不同材质展品的环境控制等，因此保护难度大于库藏文物。从文物保护的

角度，一流的展览需要具备一流的办展环境，以下因素值得关注：

与库房内文物环境要求相同，展厅及展柜内不同材质藏品保存环境的温度、相对湿度及污染物如甲醛、苯类物质（苯、甲苯、二甲苯）、氨、TVOC、臭氧、二氧化硫、二氧化氮、二氧化碳、可吸入颗粒物（PM2.5、PM10，包括硫酸盐、硝酸盐、氯化物、细菌、微生物、病毒等）、光照度控制等标准，要符合《博物馆建筑设计规范》（JGJ 66-2015）。需要注意，博物馆室内空气质量标准及对污染物的控制，多参考国家环保标准，以对人体健康、社会物质财富和维持生态平衡等因素制定，未必适合文物保护要求[18]，需要不断总结实验数据因文物需求制定更为妥当的规范、标准[19]。也有博物馆学者认为，博物馆的空气质量应达到国家标准《环境空气质量标准》GB 3095中一类区的一级浓度限值要求[20]。

常设展（基本陈列展）作为展示博物馆主要收藏和基本内容的展厅，展陈时段长，文物类别较为全面，展厅及展柜环境控制（尤其是温湿度）对文物保护更为关键，因此在不影响展陈效果的基础上，对珍贵文物尽量使用密封性好、环境可控的独立展柜。对于大通展柜中的脆弱文物，尽量使用复仿制品，必须展示的脆弱文物，要考虑适当的休展期。

临时展览，展厅装修装饰材料选择绿色环保低甲醛、VOC释放的材料，对装饰装修材料的质量严格控制。如果条件许可，材料在博物馆外制备后，进行晾晒（尤其是夏季）后再进入馆内施工布展。临展设计之初要充分考虑各种材料的有害挥发成分与展厅容积率之间的关系，避免虽然各种单一材料有害挥发成分含量不超限但展厅空气中综合污染物偏高或超标的现象[21]。同时，博物馆也要通盘考虑、论证每年举办临展的合适频率。高频率的临展，展厅装修装饰材料带来的展陈环境污染不容忽视。此外，博物馆要坚持"文物

至上"的原则，引导并强化博物馆展览重文物轻装饰的办展思路，树立文物为中心、文物保护为原则的办展理念。对于临时展览，相关行业规范可供参考[22]。

首都博物馆新馆运行之初，常设展、临时展18个，展厅、大通展柜采用的空调系统基本达到了文物保护的要求，温度控制相对平稳，相对湿度受室外气候影响波动较大。空间开阔的礼仪大厅温湿度受室外气候影响较大，变化规律也与室外气候相同，只是时间滞后、变化幅度减小而已，增加了环境控制难度，其负面影响需要综合评价。常设展中，如民俗展、圆厅顶层展厅环境相对较差，是改进的重点。其他常设展厅内相对湿度波动也大，曾经24小时内变化达到34.1%[23]。对展柜或独立展柜的使用及性能提出了更高的要求。临时展厅中，水景庭院环境相对较差，尽量从展品的角度多做思考（图片展、使用仿复制品等）。展厅内二氧化碳浓度可指示室内空气的新鲜程度，为提高展厅内空气质量，观众较多时可加大中央空调的新风换气[24]，也需要论证各展厅最多容纳观众数而进行主动控制。

重视布展撤展期间文物保护的技术环节：展览设计之初就让文物保护专业人员介入；展厅、展柜内满足了文物保护的环境条件后将文物布入；展柜内恒湿机提供适宜的相对湿度，博物馆最好购买专业恒湿机厂家的环境控制保障服务而非购买恒湿机；布展前，按照规范对展厅全空间喷洒药剂密闭进行虫害等消杀。撤展时，确保文物离开展线后再停止空调和恒湿系统的运行。

（三）文物保护技术部门

文物保护技术部门（文物医院）功能如下：文物科技研究（文物体检、文物材料及制作工艺机理研究等）、病害诊断、据诊断结果进行文物保护（包括文物修复）。文物修复属文物保护范畴，是文物保护手段之一，相当于对文物施以手术。因文物修复触及文物本体，必须严格遵守

保护修复原则[25]，要"手下留情"。修复前必须进行充分的科学思考及论证，严防因修复工作不严谨、技术不精湛而伤及文物（避免误诊或医疗事故）。

2021年，首都博物馆建馆40周年，首博文保从无到有，逐步成长。目前，硬件条件国内仍属一流，通州首博东馆文保中心建设，硬件建设必将再上台阶，但短板也较明显：保护修复团队相对较弱、人员不足、人员流失严重、专业技术水平良莠不齐、兼具人文与科学精神的文保专家不足、人才培养与发展路径有待梳理和通畅。"十年树木百年树人"，任重道远但必为之。

（四）文物借出、借入

文物借出、借入是应博物馆展览需求的常态行为，此过程文物环境及载体变化较大，除文物安全因素外，过程中文物预防性保护尤为重要，具体可参照国家文物运输、包装、出入库、出入境等相关规范、标准[26]。

（五）征集

博物馆文物藏品征集工作中文物或藏品的保护，对有机类物品需特别关注。入库、入展前的熏蒸消毒是首要考虑因素。如2003年防SARS病毒、2020年防新冠病毒相关藏品征集，严格按照病毒防控要求进行彻底杀灭后入藏。

四、结语

首都博物馆从设计建成，经过15年开放运行，在馆藏文物保护方面不断进行着实践与探索，采取了诸多技术措施[27]，有长处值得总结推广，也有不足需要改进，尤其是在向国内一流、国际知名博物馆目标迈进的过程中，文物保护工作需要更上一层楼。纵观全国博物馆，尤其是中小型博物馆，文物保护硬件（设备、设施等）和软件（文保理念或文保团队业务素质等）方面，水平、能力参差不齐，目前，博物馆建设发展处于高峰，对博物馆的核

心要素——文物，其保护实践值得探讨、总结与提升。

---

① 藏品与文物的关系：

藏品：根据《博物馆条例》《博物馆建筑设计规范》，是博物馆库藏或在展的具有收藏、展示、传播、研究价值的文物、标本、艺术品、科技展品、工程技术产品、音像制品、模型等的总称。

文物：《中华人民共和国文物保护法》（2015年版，2015年4月24日，第28号主席令公布）：（一）具有历史、艺术、科学价值的古文化遗址、古墓葬、古建筑、石窟寺和石刻、壁画；（二）与重大历史事件、革命运动或者著名人物有关的以及具有重要纪念意义、教育意义或者史料价值的近代现代重要史迹、实物、代表性建筑；（三）历史上各时代珍贵的艺术品、工艺美术品；（四）历史上各时代重要的文献资料以及具有历史、艺术、科学价值的手稿和图书资料等；（五）反映历史上各时代、各民族社会制度、社会生产、社会生活的代表性实物。文物认定的标准和办法由国务院文物行政部门制定，并报国务院批准。具有科学价值的古脊椎动物化石和古人类化石同文物一样受国家保护。

向张全礼、焦晋林、李健三位学者请教，都赞同博物馆藏品包含文物，文物是藏品的一部分。除引文中使用藏品本文仍然采用外，通常使用文物一词。

② 中华人民共和国行业标准：《博物馆建筑设计规范》（JGJ 66-2015），批准部门：中华人民共和国住房和城乡建设部，施行日期：2016年2月1日。

③ 2015年2月9日国务院《博物馆条例》发布后，国际博协副主席、中国博协副理事长兼秘书长安来顺就《博物馆条例》文物保护方面进行了解读。

④ 中华人民共和国行业标准：《文物保护项目评估规范》（WW/T 0070-2015），2015年11月26日发布，2016年1月1日实施。

⑤ 中华人民共和国行业标准：《博物馆建筑设计规范——条文说明》（JGJ 66-2015），批准部门：中华人民共和国住房和城乡建设部，施行日期：2016年2月1日，第64页。

⑥ 《中华人民共和国文物保护法实施条例》，2003年7月1日起施行，2013年12月7日修订，第三十二条、第三十三条、第三十四条、第五十六条、第五十八条。

⑦ 《中华人民共和国文物保护法》，1982年11月19日发布，2017年11月4日修订，第四十六条。

⑧ 《可移动文物保护修复室规范化建设与仪器装备基本要求》（GB/T 30238-2013）。

⑨ 《可移动文物修复管理办法》，文物博发〔2014〕25号。

⑩ 中华人民共和国文物保护行业标准《文物保护项目评估规范》（WW/T 0070-2015），2015年11月26日发布，2016年1月1日实施。

⑪ 王蕙贞：《文物保护学》，文物出版社，2009年，第2页。

⑫ 中华人民共和国文物保护行业标准：《馆藏文物登录规范》（WW/T 0017-2013），2013年8月5日发布，2013年8月15日实施。

⑬ 赵瑞廷：《新冠肺炎疫情背景下关于博物馆使用消毒剂的思考》，《文物保护与考古科学》2020年第2期。

⑭ 中华人民共和国行业标准：《博物馆建筑设计规范——条文说明》（JGJ 66-2015），批准部门：中华人民共和国住房和城乡建设部，施行日期：2016年2月1日，第104页。

⑮ 中华人民共和国行业标准：《博物馆建筑设计规范》（JGJ 66-2015），批准部门：中华人民共和国住房和城乡建设部，施行日期：2016年2月1日。

⑯ 武俊玲：《首都博物馆藏品管理工作发展十年回顾》，《继承发展保护管理——北京博物馆学会保管专业十年学术研讨纪念集》，北京燕山出版社，2010年，第32页。

⑰ 中华人民共和国行业标准：《博物馆建筑设计规范》（JGJ 66-2015），批准部门：中华人民共和国住房和城乡建设部，施行日期：2016年2月1日，第87页。

⑱ 邵芳：《首都博物馆展陈文物保存环境的初步分析》，《首都博物馆丛刊》（总第21期），北京燕山出版社，2007年。

⑲ 目前以国家文物局2003年《博物馆藏品保存环境试行规范》（征求意见稿）的有关规定执行。

⑳ 中华人民共和国行业标准：《博物馆建筑设计规范——条文说明》（JGJ 66-2015），批准部门：中华人民共和国住房和城乡建设部，施行日期：2016年

2月1日，第88页。

㉑邵芳：《临时展厅文物展陈环境质量监测分析》，《首都博物馆丛刊》（总第33期），北京燕山出版社，2019年。

㉒GB/T 18883-2002《室内空气质量标准》、GB/T 18204.2-2014《公共场所卫生检验方法 第2部分：化学污染物》；GB 18580-2001《室内装饰装修材料·人造板及其制品中甲醛释放限量》、GB 18585-2001《室内装饰装修材料·壁纸有害物质限量》、GB 18581-2009《室内装饰装修材料·溶剂型涂料有害物质限量》、GB 18582-2008《室内装饰装修材料·内墙涂料有害物质限量》、GB 18583-2009《室内装饰装修材料·胶粘剂有害物质限量》、GB 18587-2001《室内装饰装修材料地毯有害物质限量》。

㉓邵芳：《首都博物馆展陈文物保存环境的初步分析》，《首都博物馆丛刊》（总第21期），北京燕山出版社，2007年。

㉔邵芳：《临时展厅文物展陈环境质量监测分析》，《首都博物馆丛刊》（总第33期），北京燕山出版社，2019年。

㉕文物保护法律法规及保护修复系列相关行业标准。

㉖《文物运输包装规范》GB/T 23862-2009（2009年5月4日发布，2009年12月1日实施）中，涉及了文物的防霉包装（GB/T 4768）、防潮包装（GB/T 5048）、防水包装（GB/T 7350）。要求包装的阻隔材料实现文物包装容器内部的温度、湿度以及气体等环境因素符合要求并稳定。文物包装应做到防水、防潮、防霉、防虫、防震、防尘和防变形。实现文物包装箱内部环境控制，对环境要求严格的文物，在包装箱内安装温、湿度计，监测文物包装运输过程中环境的变化，便于对文物状况的变化进行监测，在包装箱内放置适合的调温、吸附、防霉、防虫等材料，实现内部环境控制。其他如《馆藏文物出入库规范》WW/T 0018-2008（2009年2月16日发布，2009年3月1日实施）、《馆藏文物展览点交规范》WW/T 0019-2008、《文物出境展览管理规定》（国家文物局2005年5月27日发布）也都谈到了文物借出、借入环节的保护问题。特别是《文物出境展览协议书编制规范》WW/T 0064-2015（2015年11月26日发布、2016年1月1日实施）强调："协议中应明确约定文物展品及辅助展品保存及展陈时的照度、温度、相对湿度、安防、消防及其他技术性要求。"布展中"乙方应根据甲方基于展品安全所提出的展陈意见和展陈所需的温度、相对湿度、照度及烟雾尘埃与有害气体浓度限值等技术参数布置展厅"。

㉗文物消防保护不在本文探讨范围。

（作者单位：首都博物馆）